미래가 더 소중한 여러분께
심리학의 지혜를 드립니다.
인지심리학자 김영훈

2023. 10

글_ 김경일

김경일 교수님은 사람의 마음이 언제나 궁금했어요. 고려대학교 심리학과와 같은 대학원을 졸업하고 미국 텍사스 주립대학교에서 심리학을 공부해서 박사학위를 받았어요. 인간의 판단, 의사결정, 문제해결, 그리고 창의성에 대해 연구를 하였고, 지금은 아주대학교에서 심리학과 학생들을 가르치고 있어요. 심리학과를 나오지 않은 일반 대중들을 위해 여러 매체에서 강연도 하고 책도 쓰고 있답니다. 김경일 교수님의 강연은 유머와 위로, 그리고 실생활에 도움이 되는 지혜가 담겨 있어서 어른들에게 인기가 참 많지요. 쓴 책으로는 《마음의 지혜》《김경일의 지혜로운 인간생활》《타인의 마음》《적정한 삶》《인지심리학은 처음이지?》《심리 읽어드립니다》《십 대를 위한 공부 사전》 등이 있어요.

글_ 마케마케

어려서부터 글 쓰고 책 읽는 것을 좋아해서 어린이 책을 만드는 사람이 되었어요. 다양한 그림책과 학습만화를 쓰고 만들며 어린이들에게 지식과 정보를 어떻게 재미있게 전달할 수 있을지 생각하고 있어요. 어른이 되어 알게 된 인문학과 과학의 소중한 지혜를 어린이들과 하루빨리 나누고 싶어서 〈빅티처〉 시리즈를 만들게 되었지요. 쓴 책으로는 〈채사장의 지대넓얕〉 시리즈가 있답니다.

그림_ 고고핑크

재미있고 다양한 스타일의 그림을 그리는 일러스트레이터예요. 조금 어렵고 딱딱한 내용이라도 고고핑크 작가님의 그림과 함께하면 웃음과 감동이 배가되지요. 오늘도 정보와 이야기를 풍요롭게 만들기 위해 가장 좋은 표정과 색깔을 고민하고 있어요. 그린 책으로 《영알못 엄마는 어떻게 영어고수가 되었을까》《오십의 멋》《농담하냐고요? 과학입니다》 등이 있어요.

우리 시대 최고의 스승과 함께하는 **어린이 박학다식 프로젝트**

BIG TEACHER

빅티처 김경일의
생각 실험실

글 김경일, 마케마케
그림 고고핑크

Dolphin books

작가의 말

놀라운 심리학의 세계로 초대합니다

　아주 오래전 사람들은 인간의 마음은 알 수 없다고 생각했어요. 몸이 다치면 서둘러 치료했지만 마음이 다치는 것 정도는 대수롭지 않게 여기기도 했지요.

　하지만 수학과 과학이 발달하면서 인간의 마음도 숫자로 표현하고 싶어 하는 사람들이 서서히 생겨났답니다. 인간은 어떻게 생각하는지, 마음은 어떻게 행동으로 이어지는지, 환경을 바꾸면 마음도 바꿀 수 있는지 말이에요. 그 엉뚱한 학자들은 과학자가 자연을 파헤치듯 마음에 대한 가설을 세우고 연구하고 검증했지요. 이처럼 사람의 마음을 알아보는 학문을 심리학이라고 한답니다.

　저는 심리학 중에서도 인지심리학이라는 분야를 연구하는 학자예요. 인지심리학은 인간의 생각이 어떤 방식으로 작동하는지를 알아보는 학문이지요.

　저를 비롯한 많은 인지심리학자들은 좀 더 좋은 생각과 행동을 이끌어 내는 방법이 있을지 연구했어요. 그러다 보니 굉장히 많은 것들을 발견하게 되었어요. 환경을 조금만 바꿔도 인간은 훨씬 창의적으로 생각하고, 작은 행복이 여러 번 반복되면 아무리 힘든 일도 이겨 낼 용기를 갖게 되지요. 저는 이런 신비로운 비밀을 여러분의 부모님을 비롯한 많은 어른들에게 알려 주었답니다.

　하지만 많은 어른들이 심리학을 알게 되었지만 한번 굳어진 생각과 습관을 쉽게 바꾸지 못했어요. 저 역시 마찬가지. 머리로 알고 있는 것과 실제 삶을 바꾸는 건 다른 이야기더라고요.

만약 어른들이 심리학의 지혜를 조금 더 일찍 알았다면 개인과 세상이 좀 더 창의적이고 행복하게 바뀌지 않았을까요? 그렇다면 어른이 되기 전에 조금 일찍 심리학 공부를 시작하면 어땠을까요? 바로 여러분과 같은 어린 시절에 말이에요.

제가 정말 좋아하는 인지심리학자 앨리슨 고프닉은 이런 말을 했어요.
"아이들의 기대보다 어른들은 어리석고 어른들이 생각한 것보다 아이들은 똑똑하다."

여러분은 이미 누구보다 똑똑하고 행복하고 창의적인 사람이에요. 어른들이 잘 모르고 만들어 놓은 틀에 갇혀서 어리석은 선택을 하지 않았으면 좋겠어요. 많은 학자들은 우리가 사는 세상이 과거에 비해 조금씩 나아지고 있다고 말해요. 세상은 점점 더 안전하고, 깨끗하고, 자유롭고, 윤리적으로 바뀌고 있답니다. 앞으로 여러분들이 만들어 갈 미래는 지금보다 훨씬 더 좋아질 거예요.

여러분이 지금의 어린 시절을 많이 기억하고 유쾌하게 이야기하는 어른이 되길 바랍니다. 어린 시절의 즐거웠던 경험은 어른이 될 때 맞이할 힘든 상황을 헤쳐 나가는 영양분이 되어 주거든요.

자, 그럼 더 좋은 세상을 만들기 위한 심리학 공부! 지금부터 시작해 볼까요?

여러분의 첫 인지심리학자 **김경일**

01 생각에 대한 생각

인간은 생각하기 싫어해요
메뉴가 너무 많은 식당 12 | 인간은 인지적 구두쇠 15 | 어떤 잼이 더 잘 팔릴까? 20

한번 한 생각은 잘 바뀌지 않아요
그냥 가만히 있을걸 그랬어 22 | 인간은 변화를 싫어해요 25 | 후회하고 싶지 않아! 32

한 번에 여러 가지 생각을 할 수 있을까?
음악을 들으면서 공부하면 정말 더 잘될까? 34 | 멀티태스킹이란 이름의 악마 37 | 멀티태스킹 말고 스위치! 44

하나씩 쪼개서 생각하는 게 좋아요
지혜로운 신데렐라의 무도회 준비 46 | 눈금을 많이 만들어요 50 | 만 원 한 장 VS 만 원짜리 영화표 한 장 56

02 판단과 결정은 어려워

결정을 잘하려면 어떻게 해야 할까요?
결정이 느린 사또 60 | 결정에는 감정이 필요해요 63 | 결정은 힘들어 70

판단을 방해하는 함정들
현명한 소비는? 72 | 인간은 언제나 정확하고 합리적인 판단을 할까요? 75 | 판단을 방해하는 오류들 79 | 숫자에 현혹되는 사람들 82 | 생생함의 오류 86

메타인지에 방해받지 마세요
아빠는 자동차 전문가? 88 | 인간과 컴퓨터의 대결 91 | 메타인지 속임수 98

03 동기를 이용해 봐

두 가지 종류의 동기가 있어요
우리 반 1, 2등이 열심히 공부하는 까닭은? 102 | 접근 동기, 회피 동기 105 | 30분밖에, 30분이나! 110

동기가 어긋나면?
빨간색에 출발해야 하는 신호등 112 | 동기의 잘못된 만남은 위험해요 116 | 게임 실력을 더 좋게 하려면? 120

이럴 땐 접근 동기, 이럴 땐 회피 동기
꿈은 원대하게, 계획은 자잘하게 122 | 접근 동기와 회피 동기 모두 필요해요 125 | 접근 동기와 회피 동기가 만나는 일기 쓰기 130

돈은 정말 좋은 동기부여가 될까?
노인과 평화 132 | 내적 동기와 외적 동기 136 | 돈이 많으면 행복할까? 144

04 우리 모두는 창의적이야!

지혜와 지식의 차이
레이저로 암세포를 제거하라! 148 | 이미 알고 있지만 꺼내지 못하는 것 152 | 케쿨레의 꿈 156

최고의 접착제, 은유
시인과의 대화 158 | 창의성 천재, 은유 161 | 은유는 감정을 만든다 166

가끔 여백이 필요해요
사라진 지갑을 찾아라 168 | 일상을 잠시 떠날 필요가 있어요 172 | 학업 성취도와 산책로의 관계 178

창의성이 없는 게 아니라 꺼내지 못하는 것
필름이란 무엇인가 180 | 쉬운 말로 다시 말해 봐요 184 | 능력보다는 상황 188

창의성은 개인의 몫이 아니에요
창고에 처박혀 있던 명화 190 | 창의성을 알아볼 수 있는 환경이 중요해요 194 | 창의성에 대한 오해 200

가르치며 배워요
질문이 많은 동생 202 | 0.1%의 영재는 무엇이 다를까? 206 | 실력 상승의 비밀 212

교수님과 한 번 더 체크하는 심리학 용어 214
심리학이 궁금할 때 빅티처에게 물어봐 215

빅티처는 우리 사회를 대표하는 석학들의 깊이 있는 지혜와 통찰을 어린이의 눈높이에 맞춰 구성한 책입니다. 살아가는 데 꼭 필요한 지식을 배우고 나와 세상을 바라보는 특별한 눈을 만나 보세요.

빅티처는 이렇게 구성되어 있어요

◆ 짧은 동화 속에 숨어 있는 이론을 찾아요
재미있는 이야기 속에도 심리학 이론이 숨어 있어요. 인물이 처한 상황 속에서 발견할 수 있는 생각, 판단, 동기, 창의의 코드를 찾아보세요.

◆ 선생님의 생생한 가르침으로 특별한 공부를 시작해 보아요
김경일 교수님의 다정하고 꼼꼼한 수업으로 심리학의 기초를 배워 보세요. 바로 옆에서 강연을 듣듯 어린이의 눈높이에 딱 맞는 재미있는 설명을 읽다 보면 내 생각과 마음이 작동되는 원리를 이해할 수 있을 거예요.

◆ 만화로 개념을 정리해요
지금과 같은 학문이 정립되기까지 우리들의 예상을 뛰어넘는 실험과 연구가 있었어요. 재미있는 만화를 통해 알쏭달쏭했던 개념을 다시 한번 정리하고, 연구자들의 노력을 느껴 보세요.

이렇게 읽어 보세요

이해되지 않거나 어려운 부분은 읽다가 건너뛰어도 좋아요. 재미있는 동화나 만화만 쏙쏙 골라 읽어도 괜찮아요. 궁금한 점이 생기면 주변 사람들에게 물어보거나 다른 자료를 찾아보면 어떨까요? 즐겁게 책과 놀다 보면 교과서에서는 배울 수 없었던 놀라운 지혜가 차곡차곡 쌓일 거예요.
여러분 자신과 세상 모든 것들이 바로 '빅티처'랍니다.

01 생각에 대한 생각

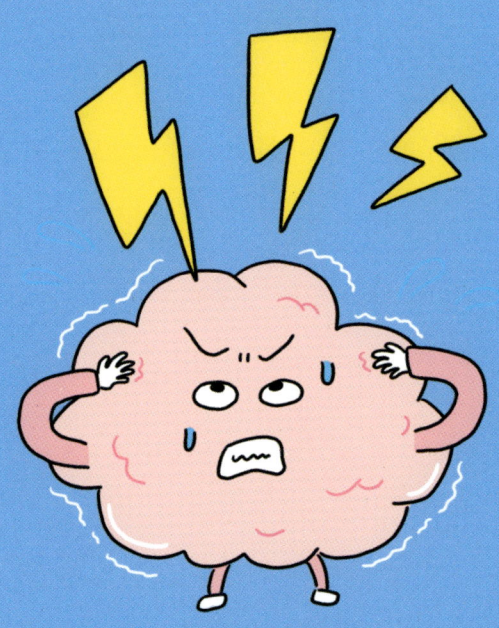

메뉴가 너무 많은 식당

여행 중에 끼니를 놓친 시울이네 가족은 배가 무척 고팠다. 다리가 덜덜 떨리고 눈앞이 노래질 지경. 평소엔 후기와 사진까지 꼼꼼하게 살펴보고 식당을 고르는 시울이 엄마였지만 지금은 맛집을 검색하는 것조차 힘든 상황이었다.

"엄마 아빠, 제발 아무 데나 빨리 들어가서 먹어요, 네?"

배고프면 예민해지는 시울이의 성화에 아빠는 가장 가까운 식당의 문을 열었다. 다행히 내부는 꽤 깔끔해 보였다.

그런데 손님이 한 명도 없는 게 아닌가? 막상 텅텅 비어 있는 가게를 보니 시울이도 약간 걱정이 밀려왔다.

'에이, 우리가 점심시간 지나서 왔기 때문일 거야.'

불안을 달래며 메뉴판을 받아 본 가족들은 깜짝 놀랐다.

삼겹살, 차돌박이, 막국수, 된장찌개, 청국장, 콩나물국밥, 육개장, 김치찜, 김치볶음밥, 산나물비빔밥, 순두부찌개, 부대찌개, 짜장면, 짬뽕, 탕수육, 치킨, 피자, 돈가스, 라면, 김밥, 샐러드, 찜닭, 곱창볶음, 만두, 해장국, 감자탕, 닭강정, 순댓국, 코다리, 제육볶음, 오징어볶음, 주꾸미볶음, 계란말이, 베트남쌀국수, 우동, 만둣국, 불고기덮밥, 비지찌개, 갈치조림, 파전, 샤부샤부, 떡볶이, 설렁탕, 오므라이스, 크림파스타, 튀김, 닭칼국수, 전복죽, 유부초밥….

헐~~ 무슨 메뉴가 이렇게 많냐

헐.

메뉴판

"헉, 이걸 이 집에서 다 만든단 말이야?"

세상에, 메뉴가 많아도 너무 많았던 것이다. 이것저것 먹고 싶은 게 많았는데 빼곡히 쓰인 메뉴판의 글씨를 보자 식욕이 떨어지는 느낌이었다.

조금 당황스럽긴 했지만 시울이네 가족은 겨우 하나씩 먹고 싶은 음식을 시켰다. 잠시 후 솜씨 좋아 보이는 아주머니가 뚝딱뚝딱 음식을 준비해 내어 오셨다. 입에 넣어 보니 우려와는 달리 맛이 꽤 괜찮았다.

"만둣국 육수가 깊이가 있는데? 맛있어!"

"돈가스도 엄청 잘 튀겨졌어요. 고기가 두꺼운데 속까지 다 익고."

"갈치조림도 하나도 안 비리고 맛있네? 여기 맛집인가 봐."

가족들의 목소리가 크게 들렸는지, 멀리서 사장님이 말을 받아치셨다.

"맛이 괜찮아요? 아휴, 우리가 재료도 좋은 걸로 쓰고, 정성을 다해 만드는데 왜 장사는 이렇게 안 되는지 모르겠어요."

영리한 시울이는 어쩐지 이유를 알 것만 같았다. 그래서 조심스럽게 조언을 드렸다.

"사장님, 메뉴가 너무 많아서 그런 게 아닐까요? 가장 자신 있는 것 몇 가지만 남겨 놓고 나머지는 팍 줄여 보면 어때요?"

"그, 그럴까?"

과연 사장님은 시울이의 조언을 받아들였을까? 또 고객이 좀 더 쉽게 선택하도록 바꾼다면, 그 식당은 맛집의 반열에 오를 수 있을까?

인간은 인지적 구두쇠

인지심리학은 사람의 '인지'에 대해 연구하는 학문이에요. 인지라는 말은 뇌에서 생각하고 판단하는 행위를 말한답니다. 자, 그렇다면 우리 인간은 어떻게 생각하고 판단할까요? 이 질문에 대하여 인지심리학자들이 공통적으로 낸 결론이 있답니다.

바로 '인간은 생각을 잘 안 하려고 한다'는 거예요.

아니, 만물의 영장인 사람이 생각을 잘 안 한다니요. 자칫 이해가 잘 가지 않습니다. 하지만 우리가 예상하는 것보다 훨씬 더 생각하기 싫어하는 게 바로 인간의 특징이랍니다.

너무 많은 것을 익히고 비교하고 생각하고 결정해야 할 때 우리는 이렇게 말하곤 하지요.

여행에 가져갈 준비물을 스스로 챙겨야 할 때, 내 적은 용돈으로 엄마 아빠 결혼기념일 선물을 골라야 할 때, 모둠활동 때 친구들과 역할을 골고루 나눠야 할 때, 방학 계획표를 짜거나 시험 준비를 할 때 어떤 과목부터 공부할지…….

잘 생각해서 좋은 결정을 내리고 싶기도 하지만 가슴속 한 편에서는 어서 이 생각이 끝나는 순간만을 기다리고 있지 않았나요? 그래서 기대보다 빨리 결정이 되면 그렇게 홀가분하고 좋을 수가 없지요.

맞아요. 우리 뇌는 무의식적으로 생각이 끝나는 순간을 고대하고 있어요. 어떻게든 생각이 없는 편안한 상태로 있고 싶기 때문이에요.

이처럼 뇌는 부지런하지만 생각은 게으르답니다.

심리학자들은 이런 현상을 '인지적 구두쇠'라고 부른답니다.

구두쇠라는 말을 들어 본 적 있나요? 돈을 너무 아끼느라 쓰지 않는 사람을 말해요. '인지적 구두쇠'는 생각을 아낀다는 뜻이랍니다. 그런데 인간이 어쩌다 이렇게 인지적 구두쇠가 되었을까요? 혹시 먼 옛날부터 에너지를 아낀 사람들만이 살아남았기에 이렇게 진화된 것은 아닐까요?

　실제로 생각하는 데 드는 에너지는 어마어마해요. 뇌의 무게는 우리 몸 전체 무게의 2% 정도밖에 되지 않지만 전체 에너지의 12%나 사용한다고 하지요. 복잡하고 어려운 결정을 할 때는 마치 체육 시간에 운동을 한 것처럼 더 많은 에너지 소모가 일어나기도 한답니다.

　먹을 것이 충분하지 않았던 원시 시대의 우리 조상들은 생각을 많이 하는 것만으로도 힘들고 배가 고팠을 거예요. 에너지를 아끼지 않으면 굶어 죽기 십상이니 최대한 생각을 안 하도록 진화되었을지도 모르지요.

인지적 구두쇠인 인간들의 특징은 '빠른 생각'을 무엇보다 좋아한다는 거예요. 시끌벅적 쉬는 시간 책상 앞에 옹기종기 모여 앉아 있는데 갑자기 한 친구가 묻습니다.

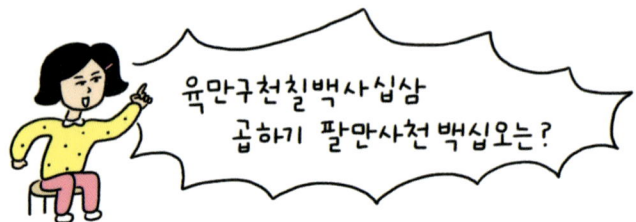

그러자 다른 친구가 1초 만에 대답했어요.

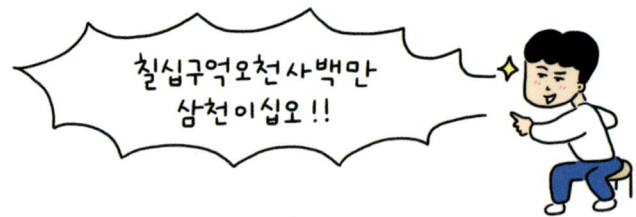

그러자 다른 친구들이 박수를 치고 난리가 납니다.

그런데 사실 그 친구는 맞는 답을 말한 게 아닙니다. 아무 숫자나 빠르게 대답한 거예요. 하지만 우리들은 언제나 빠른 게 좋다고 생각해 왔기 때문에 틀린 답을 이야기해도 환호를 보내고 있네요. 빠르게 나오는 답이 늘 좋은 답은 아니라는 사실, 여러분도 알고 있지요? 대부분은 편견과 고정 관념인 경우가 많으니까요.

'인지적 구두쇠'라는 인간의 특징을 잘 이용할 수도 있어요. 대부분의 사람들은 결정해야 할 것이 지나치게 많으면 선택을 안 하고 미뤄 두거든요. 오히려 가짓수가 적을 때 더 좋은 선택을 하기도 해요.

그러니 누군가를 설득해야 할 때 한두 가지의 선택지만 제시하는 게 좋겠지요? 메뉴가 너무 많은 식당이 오히려 장사가 잘 안 되는 것처럼요.

우리가 인지적 구두쇠라는 것을 인정하고 지금부터 저와 함께 인지심리학 공부를 시작해 볼까요? 뇌의 습관을 잘 알고 이용하면 남과 다른 생각, 더 좋은 생각, 더 창의적인 생각을 하는 방법도 배울 수 있을 거예요.

선택을 네 배 더 할 수 있다니, 두 번째 시식 코너가 더 인기 있겠죠? 예상대로 더 많은 사람들이 24개 잼이 있는 두 번째 코너를 찾아갔어요.

한번 한 생각은 잘 바뀌지 않아요

그냥 가만히 있을걸 그랬어

우리 동네에는 찐빵을 파는 가게가 두 군데 있었다. 김 씨 아저씨네 가게와 박 씨 아저씨네 가게다. 둘 다 초반에는 장사가 잘 되었지만 시간이 지날수록 손님이 줄고 장사도 힘들어졌다. 김 씨 아저씨네 아줌마는 살림이 어려워지자 초조한 마음에 남편을 졸랐다.

"여보, 우리 아무래도 이대로 있다간 굶어 죽겠어요. 다른 장사를 해 보는 게 어때요?"

김 씨 아저씨는 그냥 하던 대로 하고 싶었지만 아내가 너무 간절하게 조르니 하는 수 없이 다른 장사를 알아보기로 했다.

"그럼 우리 치킨이나 팔아 볼까? 치킨은 늘 인기가 많잖아."

김 씨 아저씨가 새롭게 치킨 가게를 열자 처음엔 날개 돋친 듯 장사가 잘되었다. 그러는 동안 박 씨 아저씨는 묵묵히 팔리지 않는 찐빵을 계속 만들고 있었다.

그런데 어느 날, 무서운 조류 독감이 유행하기 시작했다! 바이러스의 여파는 무시무시했고, 물론 치킨 장사에도 영향을 끼쳤다. 닭을 구하기도 어려웠고 주문도 줄었다고 한다. 결국 큰맘 먹고 가게를 차린 김 씨 아저씨는 큰 손해를 보고 만 것이다.

한동안 속상한 마음에 잠도 못 자고 밥도 못 먹는 날들이 김 씨 아저씨 부부에게 이어졌다. 정신적인 스트레스에 병까지 얻을 지경이었다.

"이게 다 당신 때문이야. 당신이 다른 장사 하자고 조르지만 않았어도……."

"그럼 장사가 안 되는데 망하기만 기다리라는 거예요?"

아줌마는 대차게 항변했지만 돌아서면 또 속상해서 가슴을 쳤다.

"아이고, 그냥 가만히 찐빵 장사나 할걸! 내가 왜 치킨을 팔겠다고 바꿨을까!"

김 씨 아저씨네 집이 매일 한숨과 눈물바람인데 비해 박 씨 아저씨네 집은 의외로 평온했다.

박 씨 아저씨라고 손해를 보지 않았을까? 전혀 그렇지 않았다. 따지고 보면 그냥 하던 대로 찐빵 장사를 했던 박 씨나, 치킨 장사로 바꾸었던 김 씨나 둘의 금전적인 손실은 비슷했다고 한다. 그런데 왜 박 씨 아저씨에 비해 김 씨 아저씨는 그토록 속상해 한 것일까?

혹시 '후회'하는 마음 때문은 아니었을까?

인간은 변화를 싫어해요

똑같이 손해를 보아도 어떤 행동을 한 후에 그 결과로 손해를 입었을 때 사람들은 훨씬 더 많이 속상해 합니다. '그냥 가만히 있을걸' 하는 후회의 감정 때문이지요.

후회는 이전의 잘못을 뉘우치는 것입니다. 여러분들은 후회를 해 본 적 있나요? 후회를 하다 보면 '그때 이렇게 행동했어야 했나?' '다시 시간을 돌리고 싶다.' '다음에는 어떻게 해야 할까?' 등 걷잡을 수 없이 생각이 번져 나가곤 하죠. 그리고 그 생각은 사람을 고통스럽게 만든답니다.

변화를 싫어하는 것은 우리 인간의 기본적인 특징이에요. 변화란 무엇일까요? 내가 잘 알고 있는 것, 익숙한 것을 버리고 새롭고 모호한 것을 선택하는 것이지요. 안정적인 상태에서 불안정한 상태로 나아가는 거예요.

불안은 우리 인간이 가장 싫어하는 심리이기 때문에 사람들은 변화를 본능적으로 피하게 마련입니다.

그래서일까요? 새로운 생각, 혁신적인 아이디어, 창의적인 방법은 좀처럼 쉽게 생각나지 않아요. 그렇다면 우리가 그토록 바라던 '발상의 전환'은 어떻게 이루어질까요?

여기 아주 유명한 실험이 있습니다. 일명 두 줄 실험이라고 해요. 아무것도 없는 빈방에 얇은 두 개의 줄이 천장에 매달려 있습니다. 그리고 이 방에 학생 한 명이 들어가요. 이 학생이 해결해야 할 미션은 바로 두 줄을 서로 연결하는 거예요!

너무 쉽다고요? 그런데 연구자들은 미리 학생들의 팔 길이를 재 놓았어요. 그래서 한쪽 줄을 잡은 채 아무리 다른 쪽 줄을 잡으려고 손을 뻗어도 절대 닿지 않게 준비해 놓았답니다.

학생이 팔을 뻗으며 낑낑대고 있을 때 연구자는 엉뚱한 물건을 하나 넣어 줍니다.

"쓰려면 쓰고, 말려면 마세요."

그 물건은 바로 가위입니다! 학생들은 '어쩌라고?' 하는 표정을 짓네요. 당황스럽기도 하고 짜증 나 보이기도 해요. 그 후 학생들은 어떤 행동을 할까요? 먼저 손으로 한쪽 줄의 끝을 잡고, 다른 손에는 가위를 잡아요. 종이를 자를 때처럼 가윗날로 줄을 잡아 보려고 하는 거예요. 하지만 날카로운 가윗날에 줄만 싹둑 잘릴 뿐이지요. (오히려 줄이 더 짧아졌네요!)

약이 오를 대로 오른 학생들은 무모한 행동을 하기 시작합니다. 위험하게도 가윗날을 손으로 잡고, 손잡이 부분으로 줄을 잡겠다고 애를 쓰지요. 실을 빨아들이겠다며 입을 내밀기도 하고, 정전기를 이용하겠다고 바지를 문지르기도 하며, 심지어는 정신력으로 실을 이어 보겠다며 기도를 올리는 학생도 있어요. 이런 기이한 행동들은 10분에서 15분 정도 지속됩니다.

그런데 가위 대신 망치를 넣어 주면 어떨까요? 대부분의 학생들이 1~2분 안에 문제를 해결한답니다. 처음엔 학생들이 약간 고민하더니 머지않아 망치를 한쪽 줄 끝에 묶어요. 그 상태에서 당기면 줄이 시계추처럼 왔다 갔다 하겠지요? 내 쪽으로 왔을 때 다른 줄을 연결하는 거예요.

그런데 참 이상하지요? 가위도 망치처럼 얼마든지 줄 끝에 묶을 수 있거든요. 그런데 왜 가위를 가지고는 그런 생각을 못했을까요? 가위와 실을 보면 자동으로 '자른다.'라는 생각이 나기 때문이에요. 그리고 한번 박힌 생각은 좀처럼 달라지지 않지요. 자르는 기능으로 한정된 가위를 보고 '묶어야겠다.'라는 발상이 쉽게 떠오르지 않았던 것입니다.

한편, 망치와 실은 큰 관련이 없기 때문에 다양한 생각이 펼쳐질 수 있는 것이었고요.

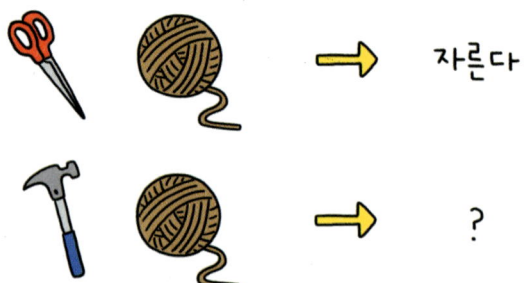

이처럼 한번 정해진 생각을 좀처럼 바꾸지 못하는 것을 어려운 말로 '**고착**'이라고 해요. 익숙한 것에 빠져서 새로운 해결책을 찾지 못하는 현상이지요.

고착이란, 물건 같은 것이 어딘가에 딱 붙어서 떨어지지 않는 현상을 말하기도 해요. 생각도 마찬가지! 한번 붙어 버리면 잘 떨어지지 않는 경우가 많지요.

    사람들이 말로는 변화를 추구한다고 하지만 실제로는 변화를 피하고 싶은 마음이 더 크고 강하다는 걸 알 수 있어요.
    자, 우리 인간이 불안을 끔찍하게 싫어하는 이유를 다시 생각해 볼까요?
    후회가 두려워서 아무것도 하지 않으려는 이유, 더 좋은 것이 있더라도 하던 대로 하려는 이유, 한번 정한 것을 바꾸지 않으려는 이유는 모두 고착 때문이에요.
    인간이 인지적 구두쇠라는 사실, 그리고 고착에 빠져 있다는 사실을 이제 인정하자고요.

후회하고 싶지 않아!

음악을 들으면서 공부하면 정말 더 잘될까?

지난 시험을 완전히 망쳐 버린 서진이의 형. 다가오는 시험만큼은 그간의 실수를 만회하겠다고 호언장담을 했다. 엄마 아빠한테도 이번에야말로 제대로 성적을 올릴 테니, 걱정하지 말라더니 웬일로 스스로 공부를 시작하는 것이었다.

정말 약속을 지키려는 듯 형의 방문은 오늘따라 꽤 오래 닫혀 있었다. 이번엔 정말 제대로 집중하려는 걸까?

"너희 형이 드디어 정신 차렸나 보다. 과일이라도 깎아 줘야겠어."

엄마는 과일을 접시에 담아 방문을 똑똑 두드렸다. 그러나 형은 대답이 없었다. 조심스럽게 문을 열자 어느 걸그룹의 신곡이 작게 들렸다. 헤드폰을 낀 형은 고개를 까딱이며 수학 문제를 풀고 있는 중이었다.

헤드폰 사이로 쿵짝쿵짝하는 흥겨운 리듬과 함께 가사까지 들리자 엄마는 머리가 지끈거린다는 얼굴로 접시를 책상 위에 탁 내려놓았다.

"아니 얘가, 노래 들으면서 무슨 공부야? 얼른 끄고 집중해!"

엄마가 핀잔을 주자 형은 헤드폰을 잠깐 벗더니 피식 웃었다.

"엄마는 아무것도 모르면서. 저는 음악을 들으면서 공부해야 더 잘되는 스타일이에요."

"그런 스타일이 어디 있니? 공부를 하려면 공부만 하고, 음악을 들으려면 음악만 듣고, 한 가지만 해!"

"아니라니까요. 난 원래 멀티태스킹이 잘되는 체질이라 동시에 하는 게 더 집중이 잘된단 말이에요."

35

특히 이 노래 리듬은 심장 박동과 비슷해서 더 집중이 잘된다나? 실제 시험 보는 환경도 그리 조용하지 않으니, 생활 소음에 적응할 수 있는 훈련도 필요하다나? 형은 온갖 과학적 근거들을 끌고 와 자신만만하게 말했다. 완벽한 논리에 기운이 빠진 것일까. 엄마는 더 이상 나무라지 못하고 한숨만 푹 쉬었다.

"그래, 네 맘대로 하렴. 대신 성적 꼭 올리기다?"

닫힌 방문 사이로 계속 음악이 흘러나왔다. 그런데 정말 음악을 들으며 공부하면 집중이 더 잘될까? 그나저나 형은 공부를 시작한 지 한참 되었는데, 왜 두 문제밖에 못 풀었을까?

멀티태스킹이란 이름의 악마

한 가지 일만 집중하기에도 벅찬 세상이지요. 그런데 가끔 여러 개의 일을 동시에 처리해야 할 때가 있어요. 한 번에 여러 개의 일을 동시에 하는 것을 **'멀티태스킹'**이라고 한답니다.

운전을 하면서 전화를 받거나, TV를 보면서 집안일을 하거나, 요리를 하면서 아이를 돌보거나, 친구와 장난을 치면서 수학 문제를 풀거나, 수다를 떨면서 작업을 하는 것과 같은 일이지요.

시간은 부족한데 많은 일을 해야 하는 현대 사회! 동시에 여러 가지를 할 수 밖에 없지요. 그런데 정말 사람의 뇌는 그 많은 일을 한 번에 처리할 수 있을까요?

다음 문제를 보고 대답하는 데 걸리는 시간을 비교해 보세요.

1. 빨간 네모를 찾아보세요.

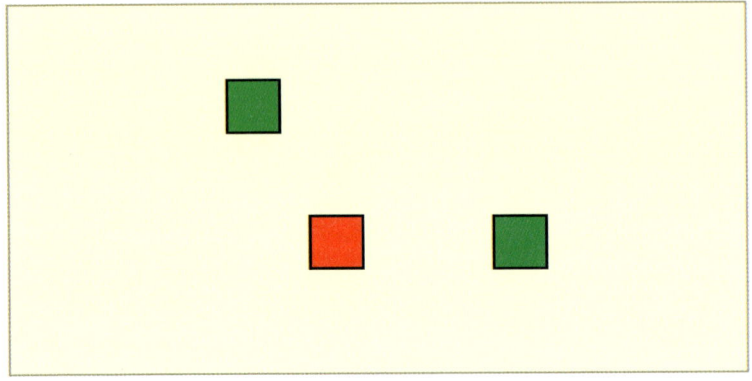

2. 빨간 네모를 찾아보세요.

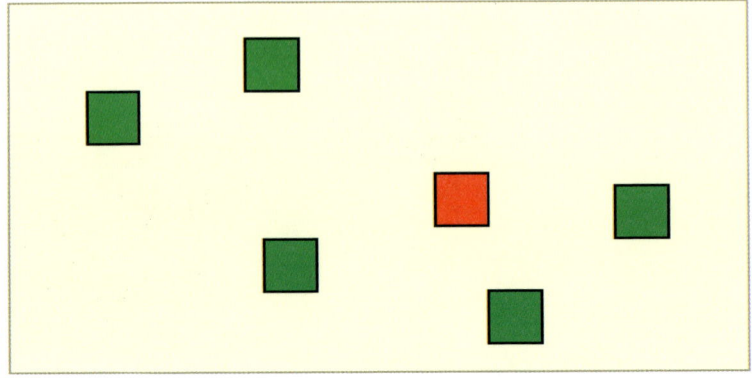

어때요? 아마 1초도 걸리지 않고 빨간 네모를 찾은 친구들이 많을 거예요. 1번과 2번 문제는 무척 쉬웠지요? 빨간 네모가 아닌 다른 색깔의 네모는 모두 방해물이에요. 물론, 1번에 비해 2번의 방해물이 많았지만 찾는 데 특별히 시간이 더 필요하지는 않았어요. 그렇다면 다음 문제는 어떨까요?

3. 빨간 네모를 찾아보세요.

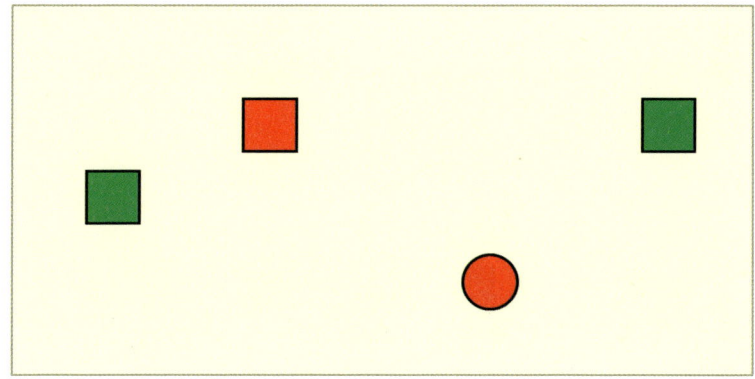

4. 빨간 네모를 찾아보세요.

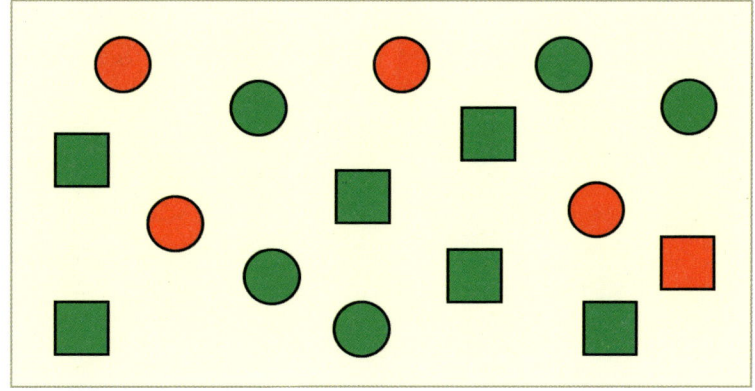

어때요? 이번엔 앞의 문제보다 조금 시간이 더 걸렸지요? 3번 문제에 비해 4번 문제가 좀 더 어렵게 느껴졌을 거예요. 방해물이 많아졌기 때문에 그만큼 찾는 시간도 더 걸린 셈이지요. 그런데 왜 1, 2번을 풀 때보다 더 어려워졌을까요?

1,2번: '빨간 것'만 찾는다.

3,4번: '빨간 것'을 찾는다. 그리고 '네모'인 것을 찾는다.

고려해야 할 것이 하나 더 늘어나니, 복잡하고 어렵게 느껴지는

거예요. 그리고 이 '그리고'가 많아지면 많아질수록 우리는 더욱 어렵게 느낀답니다.

하지만 실제로 우리가 살아가면서 해야 하는 일들은 빨간 네모를 찾는 것보다 훨씬 복잡하고 어려워요. 가뜩이나 어려운데 여기에 관련 없는 일까지 멀티태스킹을 한다면 어떨까요? 훨씬 더 어렵고, 시간도 오래 걸리며, 결과도 나쁘겠지요?

인지심리학자들은 멀티태스킹에 **'악마'**라는 별명을 붙여 주었답니다. 내가 평소에 아주 잘하는 일도 못하게 만들기 때문이에요. 일을 잘하려면 멀티태스킹을 반드시 줄여야 해요.

껌을 씹으면서 단어를 외우면 기억력이 20%나 떨어진다는 연구 결과가 있어요. 비슷한 내용의 연구는 아주 많답니다. 사실 껌을 씹는 건 어려운 일도 아니지요. 주위를 기울이고, 마음을 다해 집중해서 껌을 씹는 사람은 없으니까요. 하지만 껌 씹기처럼 자동적이고 단순한 멀티태스킹조차 위험하단 이야기랍니다.

내가 기존에 어떤 일을 능숙하게 해냈다고 합시다. 잘하던 두 일을 동시에 한다면 어떨까요?

'그리고'라는 관계가 들어오면서 전혀 다른 일이 된답니다.

핸즈프리라도 운전 중에 통화를 하면 사고율이 높아집니다.

음악을 들으면서 공부를 하거나 영화를 틀어 놓고 일을 하면 그 효율은 확실히 떨어지고요.

기억하세요. 우리 뇌는 여러 가지 일을 동시에 할 수 없답니다.

🎧 멀티태스킹 말고 스위치!

어떤 일을 동시에 한다는 건 불가능해요.

대신 스위치를 끄고 켜듯이 여러 일을 빠르게 오가는 건 가능하지요. 이것을 '선택적 주의'라고 해요.

양쪽에 다른 소리가 나는 헤드폰이 있어요.

누렁이는 무언가를 쫓고 있는데 그건…….

인생의 의미란 바로 이런 것입니다…….

왼쪽에서 나는 소리만 입으로 따라 하세요.

아, 네. 뭐, 쉽네.

이 실험을 성공하려면 나에게 필요한 정보에만 초점을 맞춰야 하고, 불필요한 정보는 무시해야 해요.

지혜로운 신데렐라의 무도회 준비

"무도회에 가고 싶으면 빨래, 청소, 설거지, 내일 아침 준비까지 모조리 다 해 놔!"

"드레스랑 구두도 준비해야 하는 거 알지? 오호호."

새엄마와 언니들이 까르르 웃으며 집을 나서자 신데렐라는 한숨을 푹 쉬었다. 산더미처럼 쌓여 있는 일들, 부족한 시간, 아무리 엄청난 능력을 발휘해 멀티태스킹을 한다고 해도 무리였다.

'하지만, 아주 못 할 건 없지.'

신데렐라는 시계를 보았다. 무도회가 시작하는 시간은 저녁 6시지만, 왕자님이 등장하는 하이라이트는 완전히 해가 진 8시 이후에나 시작하니 조금 늦게 가도 괜찮을 것 같았다. 그렇다면 준비하는 데 주어진 시간은 다섯 시간 정도다. 허둥거리다 아까운 시간을 날려 버릴 수는 없는 일.

신데렐라는 종이와 펜을 들고 차분히 앉았다. 잠시 계획을 세워 보기로 한 것이다.

복잡한 일을 앞두고 종이에 번호를 붙여 순서를 적는 것은 신데렐라의 오래된 습관이었다. 신데렐라는 새엄마와 언니들이 들어오고부터 집안일을 시작했다. 집안일이 익숙하지 않았던 과거엔 종일 바쁘게 움직이긴 했지만 일의 순서는 꼬이고 예상하지 못한 변수가 터지기 일쑤였다. 두 명의 까다로운 언니들의 뒤치다꺼리를 하면서 큰 저택을 관리한다는 것은 보통 일이 아니었다. 매일 조금씩 방법을 떠올리다 보니 제법 요령이 생긴 것이다.

파티 준비, 손님맞이 등 자잘한 일들이 쌓여 있을 때마다 신데렐라는 언제나 종이를 꺼내 1번, 2번, 3번 하고 번호부터 쓰곤 했다.

이번에도 마찬가지. 새엄마와 언니들은 신데렐라가 아무 준비도 하지 못했다고 생각했지만 그렇지 않았다. 몇 주 전에 드레스는 수선집에 맡겨 두었고, 구두는 지인에게 빌려 놓았다. 마차를 대여해 주는 서비스도 미리 알아 놓았다. 오늘은 찾아오기만 하면 되는 것이다. 이제 시간 안에 밀린 집안일을 끝내고 아름답게 단장을 해야 한다. 신데렐라는 비슷한 종류의 일끼리 묶어 보았고, 동선을 고려하여 일의 순서를 정했다. 그리고 각각의 일에 걸리는 시간을 예상해 보았다. 그다음에 다시 종이에 조금 더 자세한 계획을 써 보았다.

"좋아, 그럼 슬슬 시작해 볼까?"

신데렐라는 흐뭇하게 미소를 지었다. 종이에 써 놓은 것만으로도 머리에 정리가 착착 되는 것 같았다. 머릿속으로 다음 일을 상상하면서 빠진 것들이 없는지 다시 체크하고, 완료된 것들은 하나하나 지워 나가면 될 것이다.

"요정의 마법 지팡이보다 확실한 마술은 꼼꼼한 계획과 실천이거든."

신데렐라는 자신 있게 일을 시작했다. 과연 시간 안에 모든 것을 마무리하고 무도회장으로 갈 수 있을까?

오후 계획표

- 무도회~♥
- 설거지
- 청소 (화장실 청소하며 샤워)
- 빨래
- 드레스 찾기
- 단장하기
- 마차 준비

마술도 필요없겠네?

눈금을 많이 만들어요

지난 화에서 우리는 멀티태스킹에 대해 배워 보았어요. 우리가 인지적 구두쇠라는 것과 한 번에 여러 가지 일을 처리할 수 없다는 것, 모두 기억하고 있지요? 하지만 사람들은 습관적으로 여러 가지 일을 한꺼번에 처리하려고 해요. 시간은 없는데 할 일은 많으니 조급한 마음에 빨리, 많이 끝내고 싶기 때문이겠죠?

잘해내고 싶은 마음에 우리는 일을 하기에 앞서 목표와 계획을 세웁니다. 그런데 많은 사람들이 목표와 계획을 혼동하는 경우가 있답니다.

이것은 목표일까요, 계획일까요?

네. 목표라고는 할 수 있지만 좋은 계획이라고 부르기는 어려워요. '오늘 저녁'이라는 시간의 잣대 하나에 '집들이 준비 끝내기'라는 큰 목표가 뭉뚱그려져 있기 때문이지요. 이 상태로 일을 시작하면 분명 허둥대고 말 거예요.

오전 9시부터 시작했는데 오전 10시쯤 되니, 일을 많이 한 것 같고, 시간도 넉넉하게 남은 것 같아요. 그런데 오후 3시쯤 되면 정신없이 바빠지면서 이거 했다, 저거 했다, 순서가 꼬이고 맙니다. 사실은 멀티태스킹이 아니라 잘못 세운 계획 때문에 순서가 어긋났기 때문이에요.

'저녁 전'의 수많은 시간이 간격이 있는 것처럼 집들이 준비라는 목표 안에도 ①집 청소 ②장보기 ③요리하기 ④후식 등등 세부적인 내용이 들어가겠지요.

슬기로운 사람이라면 시간을 여러 개로 나누고, 내가 해야 하는 일도 잘게 쪼개 놓을 거예요. 잘게 잘게 쪼개다 보면 의외로 할 일이 굉장히 많다는 것도 알게 되겠지요.

집들이 준비를 위해 해야 할 일!

① **집 청소**
  - 청소기
  - 화장실 청소
  - 쓰레기통 비우기

② **장보기**
  - 배달 주문
  - 마트에서 살 것
  - 장본 물건 정리

③ **요리하기**
  - 양념장 만들기
  - 밑반찬 준비
  - 밥하기
  - 고기 굽기

④ **후식**
  - 음료 종류별로 준비
  - 과일과 쿠키 준비

어떤가요? 여러 개의 일을 써 놓고 보면 비슷한 것끼리 분류할 수도 있고, 순서도 자연스럽게 정할 수 있어요. 그리고 전체 중에 내가 어디까지 했는지도 파악할 수 있습니다.

오후 2시가 됐는데, 45% 정도 진행됐다면 '좀 빨리해야겠네?'라고 생각하겠지요. 반대로 오후 3시인데 벌써 70%까지 일을 했다면, '조금 쉬엄쉬엄 다른 일을 해도 되겠다.'라고 생각할 수도 있지요.

자, 중요한 시험을 앞두고 있는 친구들이 있어요. 누군가가 이렇게 질문을 했어요.

너 이번에 테스트 준비한다며. 잘되고 있어?

한 친구는 이렇게 대답합니다.

아, 몰라, 못했어. 완전 망했어.

다른 친구는 이렇게 대답해요.

글쎄, 지금 한 65% 정도 되고 있는 것 같아.

첫 번째 친구는 "했다." 혹은 "안 했다."로 대답했어요. 이 친구는 아마 목표만 세우고 계획은 안 세웠을 거예요. 반면, 두 번째 친구는 전체 100% 중에 어디까지 진행되었는지 이야기하네요. 그 친구는 일을 시작하기에 앞서 적어도 20단계의 계획을 세웠다는 게 보이나요?

공부할 때도 마찬가지예요. 많은 친구들이 공부를 열심히 해야겠다는 큰 목표 하나만 두고 작고 소소한 계획은 세우지 않아요. 그리고 급한 마음에 공부를 하며 다른 일을 함께 하더라고요. 간식을 먹거나 음악을 듣거나, 심지어 핸드폰 게임을 하거나 체조까지 하면서 말이에요. 하지만 우리 뇌는 멀티태스킹을 할 수 없어요. 그러니 내 주위를 뺏어 갈 여러 요인이 넘치는 카페에서 공부하는 것도 그다지 좋은 방법은 아니겠지요?

인간은 멀티태스킹을 못하는 존재이니, 나 자신을 믿지 말고, 상황을 믿어야 해요. 중요한 공부를 하기 직전엔 책상 위에 흩어진 만화책이나 게임기 몇 개만 치워도 뇌에는 자극이 된답니다. 정리하는 척만으로도 뇌에 '나 지금부터 집중한다~' 하는 신호를 줄 수 있거든요.

자, 이제부터 여러분도 이렇게 해 보세요. 목표가 하나 만들어지면 목표까지 가기 위해 해야 할 일을 10등분을 하는 거예요. 그러면 마음에 열 개의 눈금이 생기겠지요? 그 열 개의 눈금이 바로, 진도가 되고 순서가 되며, 점수가 되는 거랍니다.

이 촘촘한 눈금이 무작위로 일을 동시에 처리하려는 멀티태스킹을 막아 줄 거예요.

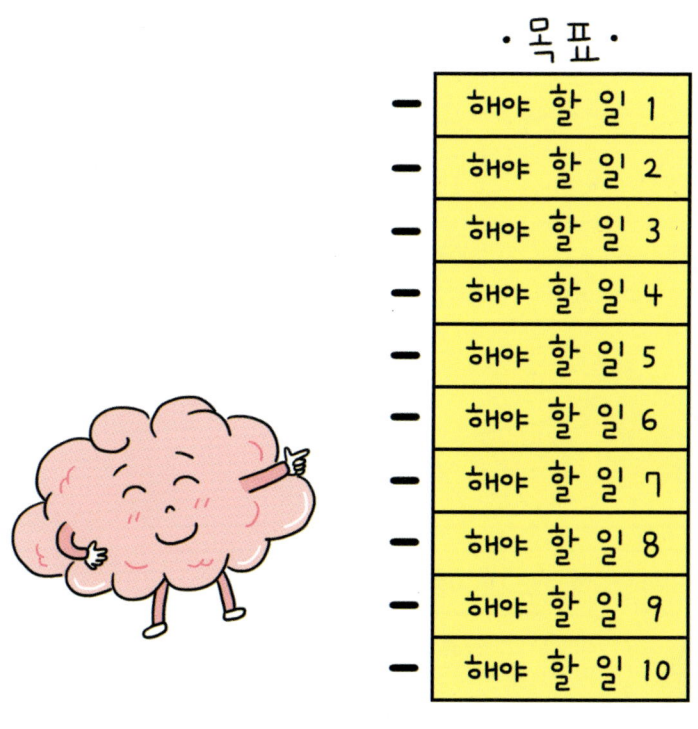

만 원 한 장 VS 만 원짜리 영화표 한 장

왜 이런 차이가 나는 걸까요? 우리는 어떤 일에 이름을 붙일 때마다 마음속에 계좌를 만들어 놓기 때문이에요.

첫 번째 상황에서는 마음의 계좌가 하나입니다.

하지만 두 번째 상황에서는 마음의 계좌가 두 개가 됩니다.

그러니 "이번 시험 잘 본다!"라는 목표는 마음의 계좌가 한 개예요.

하지만 구체적인 계획을 세운 사람은 마음의 계좌가 여러 개가 되니, 훨씬 집중력 있게 일하려고 하겠지요?

02
판단과 결정은 어려워

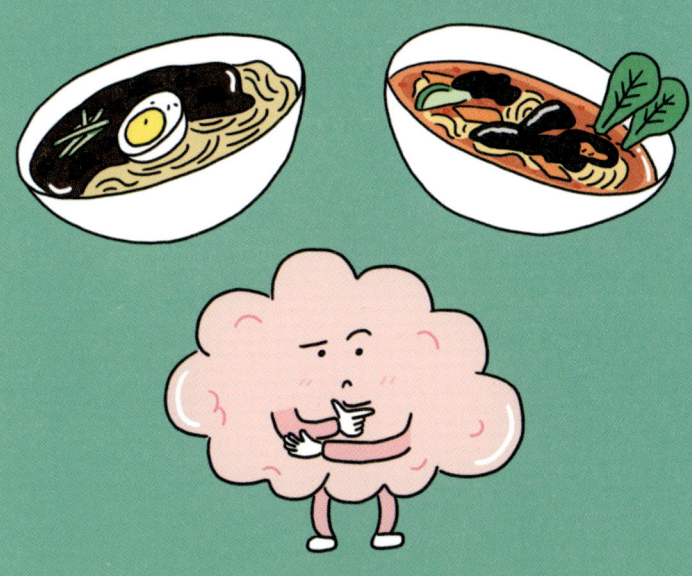

결정이 느린 사또

옛날 한 고을에 새 사또가 부임하였다. 훤칠한 키에, 잘생긴 얼굴, 상냥하고 다정한 인품까지, 마을 사람들과 관아의 직원들은 모두 새 사또를 환영할 수밖에.

"훌륭하신 분이 오셨으니, 우리 고을도 잘 살게 되겠지?"

"공부도 많이 하시고, 아주 착하신 분이래."

그러나 기쁨도 잠시, 마을 사람들은 곧 사또에 대한 불평과 불만으로 가득 찼다.

사또가 알고 보니 못된 성품이어서 사람들을 괴롭혔기 때문일까? 아니다. 그렇다면 사또가 일은 하지 않고 놀기만 하였을까? 그것도 아니다.

모든 것이 완벽한 사또의 단 하나의 단점은 바로, 결정을 제대로 못 내린다는 것이었다.

"사또 나리, 내일 행차 끝나고 드실 점심은 갈비찜이 좋으십니까, 갈비탕이 더 좋으십니까?"

"아, 그게 갈비찜도 맛있고, 갈비탕도 나쁘지 않은데……."

"두 개 다 올릴까요?"

"아니, 두 개 다 먹기엔 좀 많을 것 같기도 하고, 잘하면 먹을 수 있을 것 같기도 하고, 내가 조금 더 고민해 보겠노라."

"나리……. 행차 때 붉은 비단옷을 입으시겠습니까, 푸른 비단옷을 입으시겠습니까?"

"아, 어쩌면 좋단 말인가. 붉은 것도 괜찮고, 푸른 것도 나쁘지 않으니. 조금만 더 생각할 시간을 주겠느냐?"

점심 메뉴부터 시작해서 업무에 관련한 중요한 결재에 이르기까지. 사또는 제때 속 시원하게 결정해 주는 일이 없었다. 일이 늘 미뤄지고, 늦어지니 일하는 직원부터 마을 사람들까지 답답해 죽을 지경이었다.

"어휴, 차라리 이전 사또가 나았어."

"그 인간이 성격은 좀 괴팍해도 일은 그때그때 잘했잖아."

결국 민심은 이전 사또에게로 돌아가기에 이른 것이다. 대체 사또는 왜 그렇게 결정을 못하는 걸까?

결정에는 감정이 필요해요

하나의 학급이나, 군대, 회사, 나라까지……. 사람들이 모인 공동체를 이끄는 사람을 리더라고 하지요. 리더가 가져야 할 수많은 덕목 중 하나는 제때 좋은 결정을 내리는 거예요.

반역이라고 손가락질 당할 것을 알면서도 위화도에서 군대를 돌린 태조 이성계, 천민 신분인 장영실에게 주저없이 벼슬을 내린 세종대왕, 그리고 고작 열두 척의 배를 가지고 용감하게 적군을 향해 돌진한 이순신 장군까지……. 역사 속의 훌륭한 리더들은 모두 결정이 어려운 상황에서도 정확하고 빠른 판단을 내릴 줄 알았어요. 이들의 뇌 속에서는 어떤 일이 벌어지고 있었을까요?

여러분의 부모님들이 어렸을 때만 해도 '아는 것이 힘이다.'라는 말은 마치 절대적인 진리처럼 여겨졌어요. 공부를 많이 하고 지식이 많은 사람일수록 좋은 결정을 내릴 것이라고 생각했지요. 그러나 후세 학자들에 의해 꼭 그렇지만은 않다는 게 밝혀졌답니다. '아는 것'과 '아는 것을 쓰는 것'은 별개의 문제거든요.

아는 것이 많은 사람이 그 지식을 잘 사용하는 것이 바로 '좋은 결정'이에요. 보통 지식이 많은 사람들은 리더의 위치까지 쉽게 올라가곤 합니다. 그런데 막상 리더가 되면 그 지식을 어떻게 꺼내 써야 하는지의 문제와 마주하게 되지요.

결정은 어떻게 이루어질까요? 예전에는 '생각'이 먼저 이루어지고, 그 생각에 맞춰 '판단'이 끝나면, 그 판단에 맞춰 '결정과 행동'이 따라온다고 생각했어요.

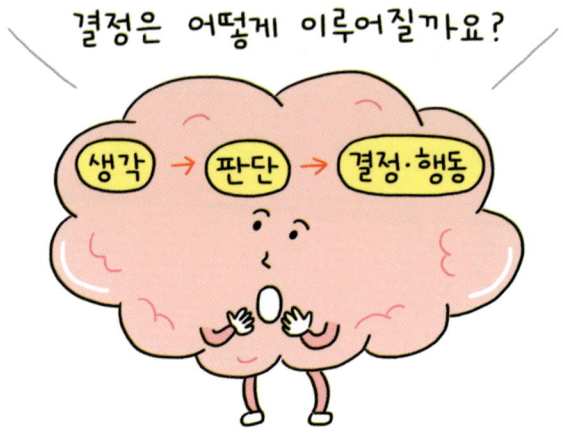

하지만 이것은 큰 착각이었어요. 실제로도 우리가 생각한 대로 결정하고 행동하지 않는 경우가 허다하거든요.

우리 친구들도 '아껴 써야지!'라고 생각했는데 나도 모르게 용돈을 탕진해 버리거나 '공부 열심히 해야지!'라고 되뇌어 놓고 정신 차려 보면 게임을 하고 있지 않았나요?

과거의 사람들은 왜 인간이 생각한 대로 결정하고 행동하지 않는지 궁금해 했답니다. 정신적으로 문제가 있어서일까? 아니면 뇌의 기능이 잘못됐기 때문일까? 오랜 연구 끝에 이제는 알게 되었지요. 결정을 하기까지는 생각과 판단 말고도 거쳐야 할 중요한 절차가 있다는 사실을요.

바로, 생각과 결정 사이에 '감정'이 들어 있었던 거예요. 감정의 최종 확인 도장을 받지 못하면 아무리 많이 생각해도 결정을 내릴 수 없는 것이지요.

한편 자기감정을 확실하게 잘 아는 사람들도 있어요. 결정을 앞두고 종종 이렇게 말하는 경우가 있어요.

"정확한 이유는 모르겠지만 너무 좋아!"

"머리로는 이해가 가는데, 썩 내키지는 않아."

"이상하게 찜찜하고 께름칙해서 못 할 것 같아."

만약 나의 감정이 이 정도로 확실하다면 결정 또한 확실해지겠지요?

우리 주변에서도 자기감정을 정확하게 잘 아는 사람들이 빠르고 정확한 결정을 내리는 걸 볼 수 있어요.

사고로 머리를 다치면 정서를 주관하는 뇌의 한 부분이 손상을 입기도 해요. 이 환자들에게 수학 문제를 풀게 하거나 퍼즐을 맞춰 보게 하면 생각보다 훌륭하게 해내곤 합니다. 아무리 뇌를 다쳤어도 정서와는 상관없는 일은 멀쩡히 수행할 수 있거든요. 하지만 이 환자들이 겪는 어려움은 다른 곳에 있어요.

'오늘 점심은 무엇을 먹을까?' '내일 친구를 만날까, 말까?' '이따 무슨 옷을 입을까?'와 같이 아주 사소한 일상 속의 결정조차 제대로 못 내리고 오랜 시간 머뭇거린다는 거예요.

"너무 감정적이야."

"더 이성적으로 생각해!"

그동안 우리는 흔히 이런 이야기를 하면서 감정보다는 이성이 더 중요하다고 생각했어요. 이성적이고 논리적인 사람이 감정적이고 정서적인 사람보다 더 훌륭하다고 믿었지요. 그러나 여러 연구를 통해 감정이 이성 못지않게 중요하다는 것이 점점 밝혀지고 있답니다.

역사를 살펴보았을 때, 리더가 나쁜 결정을 내려서 망하는 경우도 있지만, 제때 결정을 내리지 못해서 큰 화를 당하는 경우가 더 많았다고 해요. 사람이 해야 하는 일 중에서 결정만큼 중요한 게 어디 있겠어요?

좋은 결정을 내리는 사람이 되고 싶나요? 그렇다면 뇌 안에서 일어나는 여러 감정들을 확실하게 알고, 풍요롭게 표현해 보세요. 나의 감정을 제대로 아는 친구들은 감정의 노예가 아닌, 주인이 될 수 있을 거예요.

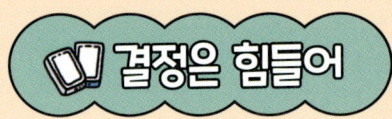

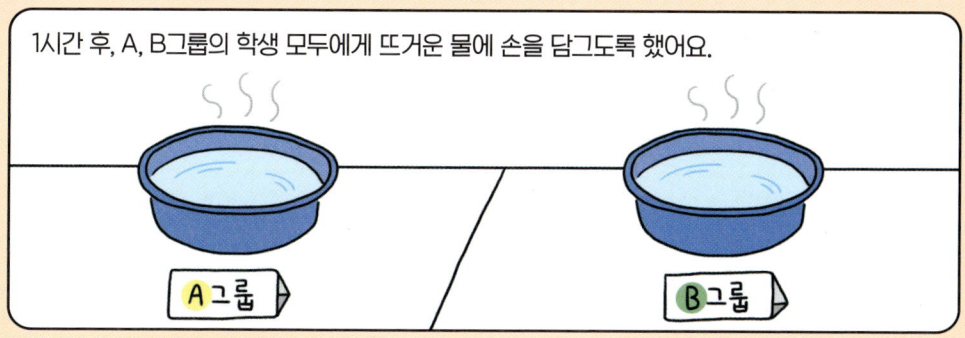

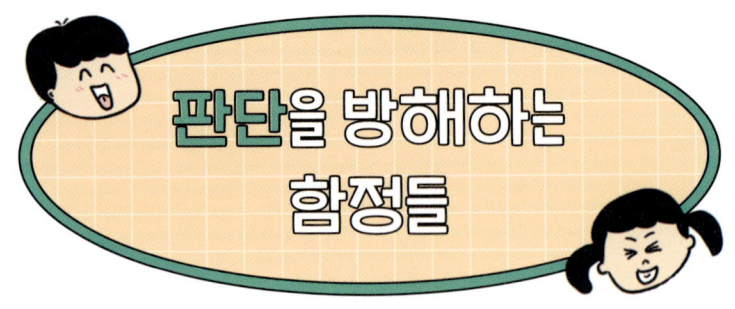

판단을 방해하는 함정들

현명한 소비는?

서진이는 오랜만에 형과 쇼핑몰에 나왔다. 형이 수련회에 들고 갈 새 가방을 산다고 했기 때문이다. 간만의 쇼핑인 데다가 자기가 모은 용돈으로 사는 거라 뿌듯함까지 겹쳐 형은 조금 들떠 있었다. 덩달아 따라 나온 서진이도 신이 났다.

"잘 봐, 형이 어떻게 합리적인 소비를 하는지 잘 보여 줄 테니까."

가방 매장에 들어간 형의 눈을 사로잡은 건 A라는 가방이었다. 디자인과 컬러, 소재까지 정말 좋아 보였다. 형은 가격표를 뒤적거렸다.

"헉, 10만 원이래."

"너무 비싸지 않아?"

"비싸긴 한데, 가방이 예쁘네. 품질도 좋고."

둘은 조금만 더 살펴보기로 했다. 그다음 눈에 들어온 것은 B라는 이름의 5만 원짜리 가방이었다. 앞서 두 배 비싼 제품을 봤기 때문일까? 5만 원이란 돈이 어쩐지 적게 느껴질 정도였다. 하지만 아까 본 것에 비해 디자인이나 품질이 떨어지는 건 어쩔 수 없었다.

"하, 고민되네. 좋은 건 비싸고, 싼 건 별로니."

무엇을 사는 것이 합리적일까? 서진이도 옆에서 같이 고민을 했더니 머리가 다 아플 지경이었다.

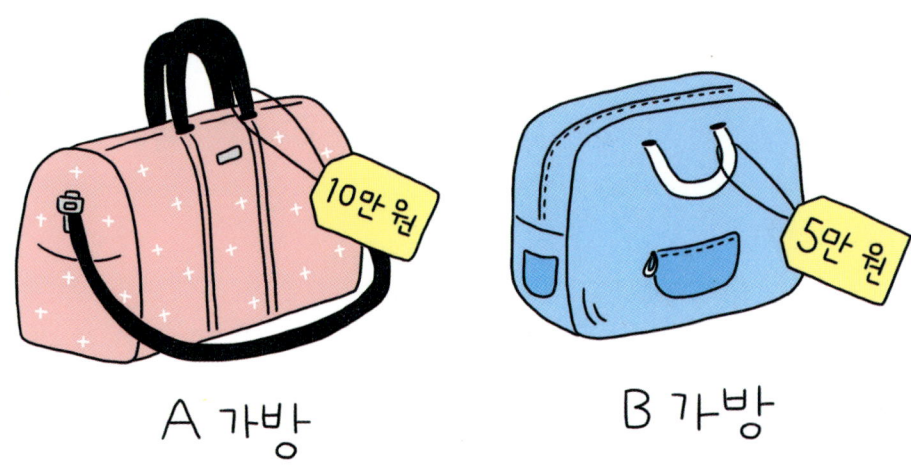

A 가방   B 가방

그때였다. 한쪽에서 상품을 뒤적거리던 형이 작게 구시렁거리는 소리가 들렸다.

"헐, 7만 원이나 하는 데도 이렇게 별로라고?"

형이 손에 든 C 제품은 품질은 A 가방보다 안 좋았고, 가격은 B 가방보다 별로였다. 그러자 형은 갑자기 대단한 비밀이라도 발견한 듯 씩 웃으며 말했다.

"이 돈 주고 이걸 사느니, 아까 그 B 제품을 사는 게 훨씬 이익이겠다. 안 그러냐?"

결국 형은 5만 원짜리 가방을 기분 좋게 샀다. "봤냐? 소비는 이렇게 하는 거란다." 하고 으스대면서 말이다. 그런데 참 이상하다. 좋은 가방을 사려면 A와 B를 비교하는 데 더 집중해야 하지 않았을까? 그런데 C를 보는 순간 빠르게 결정한 이유는 무엇일까?

그리고 아까 언뜻 봤을 때, B를 만든 회사와 C를 만든 회사의 이름이 같아 보였다. 그 회사는 왜 C처럼 바보 같은 제품을 만든 걸까?

인간은 언제나 정확하고 합리적인 판단을 할까요?

여러분은 생활 속에 여러 문제가 생겼을 때, 합리적으로 생각하고 정확한 판단을 내리나요? 아마 많은 친구들이 속으로 '그럼, 나 정도면 판단을 잘하는 편이지.'라고 생각할 거예요. 맞아요. 우리는 늘 좋은 판단을 내리기 위해 노력하고 있으니까요. 그런데 조금만 더 냉정하게 주위를 살펴보면 좋은 판단을 방해하는 요인들이 굉장히 많이 숨어 있다는 걸 알게 될 거예요.

때로는 문제와 아예 상관없는 것에 영향을 받기도 하고, 똑같은 것임에도 더 생생하게 느껴지는 것을 고르기도 해요. 완전히 다른 내용이지만 겉모습이 비슷하다는 이유로 착각하기도 하지요.

이야기 속의 형은 A 가방과 B 가방 중에서 무엇을 살지 고민하고 있었어요. A는 B보다 품질이 좋았고, B는 A보다 가격이 좋았거든요. 그런데 이때 C 제품을 발견했어요. C는 품질도 가격도 다 별로였으니, C를 산다는 건 참 어리석은 짓이겠지요. 그런데 C를 보는 순간, 선택이 쉬워졌습니다. C에 비해 B가 상대적으로 괜찮은 제품처럼 보였으니까요.

사실 C는 고민해야 할 대상이 아니에요. 주변 정보이며 배경일 뿐이지요. 그런데 우리들은 무언가를 판단할 때, 이런 배경에 생각보다 신경을 많이 쓴답니다.

　이 사실을 알고 있는 기업들은 일부러 C처럼 바보 같은 실패작을 만들어 출시하기도 해요. 자기 회사의 다른 물건이 경쟁 제품을 이기는 데 도움을 주기 때문이지요.

우리가 핵심을 제대로 보고 판단했다고 믿는 많은 일들도 사실은 맥락의 영향을 많이 받는답니다. 심지어는 단어 한두 개만 바꿔도 생각의 결과가 달라지기도 해요.

설문조사 질문지에 이런 말이 쓰여 있었어요.

Q 당신은 두통을 자주 앓습니까? 그렇다면 얼마나 자주 앓습니까?

질문을 받은 많은 사람들이 이렇게 대답했어요.

A 평균 일주일에 2.2회 앓습니다.

시간이 지난 뒤 같은 사람에게 다시 질문을 합니다. 그런데 이때 단어 하나를 살짝 바꾸어 보았어요.

Q 당신은 가끔 두통을 앓습니까? 그렇다면 얼마나 가끔 앓습니까?

이때의 대답은 달랐어요.

A 평균 일주일에 0.7회 앓습니다.

'자주'라는 단어를 '가끔'으로 바꾼 것만으로도 두통을 앓는 횟수가 3분의 1로 줄어든 거예요! 이런 예시는 더 많이 찾아볼 수 있답니다.

영화를 보고 나오는 관객들에게 조금 다른 인터뷰를 해 보았어요.

아까와 마찬가지로 질문 내용 자체는 같았어요. 두통의 횟수나 영화 시간은 바뀌지 않았어요. 바뀐 것은 사소한 단어 하나뿐이지요. 그러나 그 단어는 맥락과 배경을 바꾸었고, 사람들은 그 배경에 따라 나의 기억을 바꾸곤 한답니다.

판단을 방해하는 오류들

① 도박사의 오류

    도박사는 도박을 전문적으로 하는 사람들을 말해요. 도박에서 이기고 질 확률은 몇 퍼센트일까요? 그런 확률은 없어요. 이기거나 아니면 지거나, 언제나 50%지요. 그러나 돈을 계속 잃는 사람들은 이런 식으로 말하곤 합니다.

> 지금까지 계속 잃었으니, 이번 판에는 꼭 딸 거야!

    하지만 앞서 몇 판을 잃었든 다음 판에서 딸 확률은 높아지지 않아요. 각각의 게임은 완전히 독립된 사건이거든요. 하지만 많은 사람들이 이것을 연결된 하나의 사건처럼 생각하기도 하지요. 이런 잘못된 생각을 '도박사의 오류'라고 한답니다.

    동전 던지기를 한다고 생각해 보세요. 동전을 여덟 번 던진다면 앞면이 많이 나올 수도, 뒷면이 많이 나올 수도 있겠지요?

    만약 '앞면-뒷면-앞면-앞면-앞면-뒷면-앞면-뒷면'이 나왔다면 이상하게 생각할 사람은 아무도 없을 거예요. 그런데 연달아 '앞면-앞면-앞면-앞면-앞면-앞면-앞면-앞면'이 나왔다면 어떤 반응이 나타날까요?

'오늘 무슨 날인가?' '신의 계시가 있는 거 아냐?' 놀라서 호들갑을 떨지 않을까요? 동전 던지기란 이전에 무엇이 나왔든 '앞면' 혹은 '뒷면'이 나올 확률이 늘 50%인 게임인데 말이에요.

야구 중계에서 그날따라 점수를 못 내는 선수를 보며 "이제 안타가 나올 때가 됐습니다."라고 말하거나, 딸만 줄줄이 낳은 부부에게 "이번엔 아들이 나올 거야."라고 말하는 것들 모두 도박사의 오류에 해당하는 말이지요.

② 뜨거운 손 오류

그런가 하면 반대의 경우도 있어요. 한번 성공적인 결과를 보인 사람이 계속 성공할 것이라고 믿는 생각이랍니다.

실제로 농구 경기에서 한두 번 슛을 성공시킨 선수에겐 다른 동료들의 패스가 유난히 집중된다고 해요. 초반에 잘했으니 앞으로도 계속 잘할 것이라고 생각하기 때문이겠지요? 물론 그날따라 그 선수의 컨디션이 좋아서 계속 잘할 수도 있지만 과도한 패스 때문에 체력이 소모되는 경우도 있지요.

이런 판단을 '뜨거운 손 오류'라고 한답니다.

숫자에 현혹되는 사람들

그밖에도 인간의 객관적인 판단에 영향을 미치는 요인은 아주 많아요. 다음 실험을 한번 볼까요? 어떤 사람이 A 백화점에서 쇼핑을 하고 있었어요. 계산기 하나와 재킷 하나를 살 생각입니다.

A에서 B 백화점까지는 걸어서 갈 수 있는 거리라면 여러분은 물건을 사러 B 백화점으로 갈 생각이 있나요? 많은 사람들에게 이 질문을 하니 절반 이상 되는 사람들이 B 백화점까지 손수 가겠다고 대답했다고 해요. 만 원이라도 아낄 수 있으면 좋잖아요! 그런데 질문 내용을 조금 바꿔 보았어요.

여러 사람들에게 이 질문을 했을 때 가지 않겠다는 사람이 많아졌어요. 2만 5,000원이 1만 5,000원이 되면 크게 혜택을 받는 느낌이 들지만 12만 원이 11만 원이 되면 그다지 많이 할인받는 느낌이 안 들거든요. 어차피 쓰는 총 금액은 13만 5,000원이라는 사실은 변함없는 데 말이에요.

그러니 바겐세일이 얼마나 우리들의 판단력을 흐리게 만드는지 알겠지요? 할인율이 쓰인 라벨을 보는 순간 게임은 끝!

할인 폭이 클수록 값이 얼마가 됐든 흡족해 하는 마음으로 상품을 구입하고 마니까요. "이건 무조건 사야 해!"라고 말이에요.

"가격표를 보는 순간, 당신은 백화점에 지는 것이다."라는 말이 있어요. 심리학자들은 영리한 소비를 하려면 가격표를 보기 전에 마음속으로 물건의 가격을 정하라고 말해요.

'저건 10만 원 정도 할 것 같은데? 만약 10만 원이 넘는다면 사지 않겠어.'

이렇게 마음속에 나만의 가격표를 정해 놓는다면 90%세일이 아니라 900% 세일을 한다고 하더라도 흔들리지 않겠지요?

생생함의 오류

메타인지에 방해받지 마세요

아빠는 자동차 전문가?

시울이네 가족 나들이 가는 날. 날씨도 좋고, 기분도 좋고. 시울이는 흥얼흥얼 콧노래가 절로 나왔다. 그런데 출발한 지 얼마 되지 않아 운전하던 아빠가 고개를 갸웃거렸다.

"어? 이상하다? 차가 왜 이러지?"

정말 자동차에서 이상한 소리가 나더니 급기야 보닛 부분에서 하얀 연기가 살살 나는 것이었다. 아빠는 서둘러 갓길에 차를 세웠다. 엄마는 걱정하는 목소리로 물었다.

"갑자기 왜 저러지? 고장이 났나? 보험 회사에 연락을 해 볼까?"

"가만있어 봐, 내가 좀 볼게."

자신 있게 문을 열고 나간 아빠는 당당하게 보닛을 열어젖혔다. 그 안에는 온갖 복잡한 기계 장치들이 꼬불꼬불 얽혀 있었다.

아빠는 짐짓 심각한 얼굴로 한참을 고민하며 서 있었다. 아빠의 한숨 소리에 땅이 꺼질 것 같았다. 큰 문제라도 생긴 것일까?

"어때? 무슨 문제인지 좀 알겠어?"

엄마가 창문을 열고 외치자 아빠가 기어들어 가는 목소리로 대답했다.

"흠, 어, 어디가……, 엔진이지?"

"아유, 난 또 무슨 고민하고 있나 했네. 당신이 본다고 알아? 괜히 시간 낭비하지 말고 얼른 보험 회사에 연락해!"

엄마의 핀잔에도 아빠는 끄떡없었다.

"아, 있어 봐 좀. 내가 이 차 몬 지가 벌써 7년째야. 이 차에 대해서라면 모르는 게 없다고!"

말은 그렇게 했어도 어디서부터 어떻게 손을 대야 하는지 알 턱이 없었다. 아빠는 애꿎은 걸레만 꺼내어 자동차를 슥슥 닦을 뿐이었다. 뽀얗게 쌓인 먼지를 닦고선 차에게 말을 걸기까지 했다.

"왜 그래애, 어디가 안 좋은 거야? 응? 얼른 좀 가자~."

그 모습을 보는 시울이는 기가 막힐 지경이었다.

"엄마, 아빠 대체 왜 저러는 거야?"

"아휴, 모르겠다. 그놈의 메타인지가 뭔지."

엄마는 혀를 끌끌 찼다.

시울이의 머릿속도 자동차 보닛 안처럼 복잡해졌다. 7년씩이나 몰면 차에 대해서는 다 알게 되는 걸까? 그리고 메타인지라는 게 뭐길래 우리 아빠를 아이처럼 만든 걸까.

그나저나 오늘 안에 나들이는 제대로 갈 수 있을까?

인간과 컴퓨터의 대결

2016년 3월 9일. 전 세계적으로 엄청난 사건이 일어났어요. 대한민국의 프로기사 이세돌 9단과 구글에서 개발한 인공지능 바둑 프로그램 알파고의 바둑 대결이 벌어진 거예요. 다섯 번의 대국 후 알파고는 4대 1로 이세돌을 이겼어요. 이 경기 이후 우리나라뿐 아니라 전 세계가 큰 충격에 빠졌답니다.

곧 인공지능이 인간을 지배할 것만 같은 두려움에 사로잡혔지요. 그 후에도 인공지능은 여러 분야에서 끊임없이 발전을 하고 있고, 어떤 부분에서는 이미 인간의 능력을 뛰어넘기도 했어요.

그런데 인공지능이 아무리 노력해도 인간을 따라잡을 수 없는 분야가 있답니다.

자, 여러분! 지금부터 제가 묻는 질문에 생각나는 대로 바로 대답해 보세요.

> 우리나라 수도의 이름 아세요?

어떤가요? 아마 1초만에 "네."라고 대답했을 거예요.

그렇다면 다음 질문은 어떨까요?

> 과테말라에서 일곱 번째로 큰 도시 이름 아세요?

이번에도 머뭇거리지 않고 바로 "몰라요."라고 대답했지요? 방금 전과 같은 속도로 말이에요.

정말 대단합니다! 이게 바로 우리 인간이 인공지능보다 뛰어나다는 증거거든요!

컴퓨터나 기계는 "그 정보가 나에게 없습니다.", 즉 "몰라요."라는 대답을 하기 위해서 자신의 하드 디스크에 들어 있는 데이터를 모조리 찾아봐야 해요. 그 정보들을 다 찾고 나서 없다는 게 확인된 다음 비로소 '모른다.'라고 말할 수 있지요. 그렇기 때문에 기계가 '모른다.'라고 답을 하려면 '안다.'라고 답하는 것보다 시간이 더 걸릴 수밖에 없습니다.

하지만 여러분은 어땠나요? '안다.' 그리고 '모른다.'의 속도가 같았지요? 모른다고 대답하기 위해 몇 분 동안 자기 뇌를 스캔한 친구는 아마 없을 거예요. '모른다.'는 대답만큼은 우리 인간이 기계를 이길 수밖에 없답니다.

우리 뇌에는 아주 많은 정보가 담겨 있어요. 뇌의 용량이 얼마나 크고 넓은지는 상상할 수도 없지요. 한 인간의 뇌를 우주와 비교할 정도니까요.

그런데 우리는 그 광활한 뇌의 0.1%도 뒤지지 않고 그 정보가 없다고 판단하다니, 대단하지 않나요?

모든 인간은 죽습니다. 유한한 삶을 살아야 하는 인간에겐 시간이 충분하지 않아요. 그렇기 때문에 빨리 판단하고, 빨리 대답을 한 후에 다음 행동을 결정해야 합니다. '모른다.'라고 얼른 대답해야 검색을 하거나 남들에게 물어볼 수 있잖아요. 이처럼 기계와의 경쟁에서 승리하게 해 주는 이 고마운 기능의 이름이 바로 '메타인지'랍니다.

'메타'는 '뒤에, 넘어서, 상위에'라는 뜻이에요. 그러니 메타인지는 <u>**내가 생각하고 인지하는 것을 바라보는 또 다른 나**</u>를 뜻한답니다. 내가 무엇을 아는지, 무엇을 모르는지 파악할 수 있을 뿐 아니라 내가 모르는 것을 보완하기 위해 어떤 계획을 세워야 하는지 아는 것까지 모두 메타인지에 포함돼요.

그런데 메타인지가 작동하는 방식은 생각보다 간단하답니다. 친하면 잘 안다고 생각하거든요. 과테말라에서 일곱 번째로 큰 도시가 어디인지 모른다고 바로 대답할 수 있었던 이유는 과테말라와 친하지 않았기 때문이지요.

그러다 보니, 이상한 상황이 벌어질 때도 있어요. 바로 애매하게 친할 때예요.

친하다고 해서 모두 다 잘 아는 건 아닙니다. 그런데 친하다는 느낌 때문에 잘 알지도 못하면서 아는 것처럼 행동하는 것이죠. 알 듯, 말 듯, 혀끝에서 맴돌던 단어들! 분명히 얼굴은 많이 봐서 매우 친숙한 느낌인데, 이름은 가물가물……

특정 단어나 이름이 입안에서 빙빙 돌 때가 메타인지와 진짜 인지가 싸우는 순간이겠죠?

메타인지와 진짜 인지가 싸우는 순간

이야기 속에서 시울이의 아빠가 고장 난 자동차 앞에서 괜스레 시간을 끌며 보닛을 열었던 것도 메타인지 때문이에요. 전문적으로 기술을 배운 적 없는 아빠가 자동차 장비에 대해 아무것도 모르는 건 당연합니다. 그런데 같은 차를 7년이나 몰다 보니 나도 모르는 사이에 친밀감이 형성됐을 거예요. 그리고 메타인지는 그 친숙함을 '안다.'라고 착각하고요.

만약 산 지 얼마 안 된 차거나 빌린 차였다면 바로 보험 회사에 전화를 걸어 필요한 조치를 취했겠지요?

친숙한 것과 아는 것은 완전히 달라요. 하지만 대부분의 사람들은 많이 들어 보고 익숙한 것들에 대해서는 내가 잘 안다고 생각하지요. 그래서 나도 모르는 사이에 아는 척을 하기 일쑤예요. 그러다 보면 물어볼 수 있는 기회, 새롭게 배울 수 있는 기회를 놓치게 되지요.

여러분은 메타인지에 속아 내가 판 함정에 빠지는 실수를 하지 않도록 해요.

메타인지 속임수

메타인지의 힘은 아주 강력해요. 불과 5초 정도만 친해져도 진짜 인지를 넘어서려고 고집을 피우거든요.

학생들에게 시행한 간단한 속임수를 통해 메타인지가 어떤 녀석인지 알아볼게요.

커닝을 다섯 번 따라해 보세요.

커닝, 커닝, 커닝, 커닝, 커닝.

미국의 초대 대통령은?

링컨!!

땡, 정답은 워싱턴입니다.

으으, 더 이상 속지 않을래요.

한 문제만 더요!

윽... 분명히 알고 있었는데.

헐

03 동기를 이용해 봐

두 가지 종류의 동기가 있어요

우리 반 1, 2등이 열심히 공부하는 까닭은?

시울이네 학원에서 공부를 제일 잘하는 친구를 꼽으라면 민서와 하윤이일 거다.

둘은 어찌나 열심히 공부를 하는지 매번 1등과 2등을 번갈아 가며 한다. 수업 시간에 태도도 좋고, 발표도 잘한다. 어려운 수학 문제도 척척 풀고, 평가에 들어가지도 않는 영어 단어도 외우려고 노력한다.

머리가 똑똑하기도 하지만 누구보다 열심히 노력하는 모습에 감탄이 절로 나올 정도! 도대체 왜 이렇게 열심히 하는 것일까? 궁금해진 시울이는 한번 솔직하게 물어보았다.

"너희 왜 이렇게 공부를 열심히 하는 거야?"

놀랍게도 두 친구는 같은 대답을 했다.

"우리 엄마 때문에!"

민서가 왜 그렇게 열심히 공부를 했는지 이해가 조금 가는 것 같았다. 시울이 역시 보상이 주어지는 일은 훨씬 더 기를 쓰고 노력한 적이 있기 때문이다. 그런가 하면 하윤이 마음도 이해가 간다. 시울이의 엄마는 그렇게까지는 엄하지 않지만, 가끔 혼내실 때는 엄청 무섭다. 시험을 못 볼 때마다 엄마한테 혼난다면 무서워서 공부를 열심히 할 것 같았다.

그러고 보니, 두 친구는 똑같이 시험을 잘 봤을 때 느끼는 마음도 조금 달라 보였다.

민서는 기뻐했고, 하윤이는 안도했다.

결과는 같았지만 공부를 열심히 하게 만든 원인은 정반대라니, 참 신기했다.

살다 보면 공부 말고도 하기 싫은 일을 해야 할 때가 있다. 학급을 위해 봉사하거나 집안일을 돕거나 운동을 하는 것 등등. 이런 일들을 더 잘하기 위해서는 칭찬과 같은 보상이나 다른 사람의 쓴소리도 필요하다.

보상과 꾸짖음 중에 뭐가 더 효과가 좋을까?

접근 동기, 회피 동기

사람들의 마음속에는 여러 가지 욕망들이 자리 잡고 있어요. 배부르게 먹고 싶은 욕망, 다른 사람에게 인정받고 부러움을 사고 싶은 욕망……. 그리고 그 욕망을 이루기 위해 열심히 행동을 하지요. 심리학자들은 행동을 하게 만드는 욕망을 '**동기**'라고 불렀어요. 그리고 그 동기를 크게 두 가지로 나누었답니다. 바로 **접근 동기**와 **회피 동기**예요. 접근 동기는 말 그대로 가까이 다가가는 것이죠. 좋은 것을 얻고 싶어 하는 마음이에요. 회피 동기는 나쁜 것을 피하고 싶어 하는 마음이지요.

두 마음 모두 우리가 행동을 열심히 할 수 있도록 움직여 줘요. 하지만 동기에 따라 일의 결과가 달라질 수도 있고 결과에 따른 감정도 달라지지요.

접근 동기를 가지고 일을 한 사람은 결과가 좋을 때 '기쁨'을 느끼고, 회피 동기를 지니고 일을 한 사람은 결과가 좋게 나오면 '안도'를 느끼거든요.

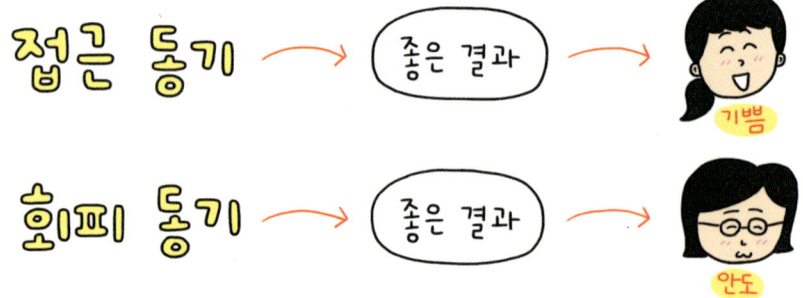

나 스스로나 다른 사람이 어떤 일을 열심히 하게 설득하고 싶다고요? 그럴 땐 동기를 잘 건드리면 됩니다. 그런데 주의할 점이 있어요! 접근 동기를 건드려서 더 잘되는 일이 있고, 회피 동기를 건드렸을 때 더 효과적인 일도 있다는 거예요. 만약 이것을 반대로 한다면 갈등이 일어나거나 실패하는 경우도 많지요. 그렇다면 어떤 일을 할 때 접근 동기를 건드리고, 어떤 일을 회피 동기로 건드려야 할까요?

정답은 시간이에요!

결과가 먼 미래에 나오는 일들이 있어요. 이럴 땐 접근 동기가 더 좋은 도구예요. 나 자신이나 다른 사람이 그 일을 오랫동안 해야 한다면 접근 동기를 생각해야 해요.

반대로 지금 당장 움직여야 하는 일, 결과도 지금 바로 나오는 일은 회피 동기가 효과적이에요.

이러한 동기의 효과를 심리학자만큼 잘 파악하는 사람들이 있어요. 보험 회사 직원들이지요.

　보험은 나중에 큰돈이 갑자기 나갈 것을 대비해, 사람들이 미리 조금씩 돈을 모아 두는 제도예요. 재난보험, 자동차보험, 연금보험 등 종류도 여러 가지가 있답니다. 보험을 파는 사람들은 멀쩡한 사람들에게 조금씩 돈을 모아 나중을 대비하라고 설득해야 하지요. 자, 그러면 심리학의 달인인 보험 회사에서 만든 두 가지 광고를 비교해 볼까요?

A 상품과 B 상품의 차이가 느껴지나요? 시간을 초점에 두고 다시 살펴보세요.

A는 젊은 시절에 돈을 열심히 모아서 먼 미래에 혜택을 보는 상품이에요. 먼 미래에 관련된 일이니 접근 동기를 자극하는 게 좋겠죠? 그래서 이런 상품을 광고할 때는 주로 요트 여행이나 리조트처럼 멋지고 화려한 인생을 보여 주지요. 좋은 삶에 접근하고 싶으면 우리 보험 상품을 사라고 설득하는 거예요.

B는 반대로 실비보험 상품이에요. 평소에 돈을 모아서 병원비로 바로 쓸 수 있어요. 지금 당장 해야 할 일이니, 이런 상품을 팔기 위해서는 회피 동기를 건드려야 해요. 갑자기 많이 나온 병원비 때문에 놀라거나, 병원비가 걱정돼서 병을 키우는 장면 등을 보여 주면서 말이에요. 이런 불안하고 위험한 상황을 피하고 싶으면 우리 상품에 가입하라고 이야기하는 셈이랍니다.

⌛ 30분밖에, 30분이나!

검토한 시간은 같은 30분이지만 두 그룹이 기억하는 정보는 달랐어요.

인간은 같은 시간이라도 어떻게 느끼느냐에 따라 전혀 다른 것을 볼 수 있답니다.

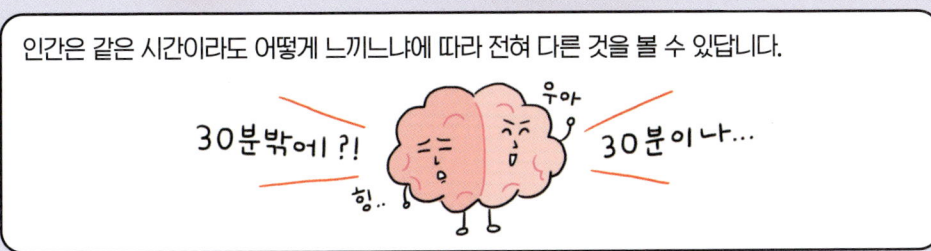

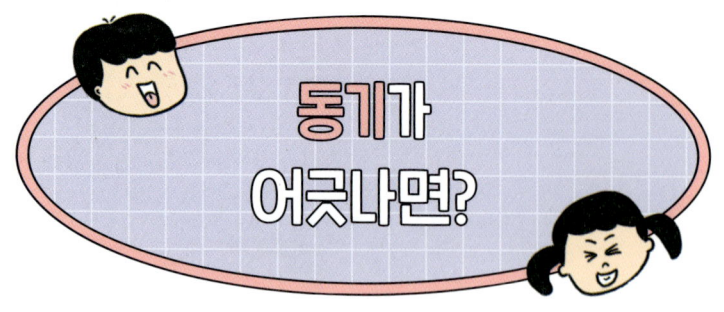

빨간색에 출발해야 하는 신호등

시울이와 아빠는 어느 낯선 도시에 와 있었다. 꼬불꼬불한 길, 울퉁불퉁한 건물, 모든 것들이 조금 이상해 보였다.

"그래도 여행 오니까 좋지?"

아빠는 조수석에 앉은 시울이에게 찡긋 윙크를 하고는 다시 운전에 집중했다. 그런데 그때 교통경찰 아저씨가 달려왔다.

"차 세우십시오!"

"네? 무슨 일이죠?"

"지금 신호 위반을 하셨습니다."

"네에? 제가요? 언제요?"

시울이가 보기에도 이상했다. 아빠는 분명 빨간불에 멈추고 초록불에 출발했기 때문이다.

"경찰 아저씨, 우리 아빠는 방금 초록불에 출발했는데요?"

"그게 문제란다. 이 도시는 신호등이 반대거든."

"네에?"

"얼마 전 시장님이 바뀐 뒤로 교통법이 싹 바뀌었어. 그래서 사람이든 차든 빨간불이 되면 출발하고, 초록불이 되면 멈춰야 해."

"엄청 이상하네요……"

처음 들어왔을 때부터 느낌이 이상하더니, 정말 웃기는 도시라는 생각이 들었다. 아빠는 바뀐 교통법을 전혀 몰랐으니, 한 번만 봐달라고 사정을 했다. 경찰 아저씨는 알겠다며 딱지를 끊지 않고 물러섰지만 앞으로는 특별히 조심해 달라고 당부했다.

"아빠, 운전 괜찮겠어요?"

"글쎄, 뭐 어려운 건 아니잖니. 빨간색이 되면 출발하고, 초록색엔 멈추고! 지금부터 조심하지 뭐."

자신만만했던 다짐과는 달리 아빠 역시 운전이 쉽지 않았다. 아빠만의 문제는 아닌 것 같았다. 여기저기에서 끼익 급브레이크 밟는 소리, 쾅 하고 부딪히는 소리가 들려왔기 때문이다. 아마 갑자기 바뀐 규칙 때문에 여기저기에서 사고가 나는 모양이었다.

그동안 몸에 익은 습관 때문일까? 시울이 생각에도 신호를 바꿔서 움직인다는 게 말처럼 쉽지 않았다. 그동안 시울이도 빨간색이 보이면 자기도 모르게 행동을 멈추었으니 말이다. 빨강은 불타오르는 느낌, 정열, 흥분된 감정을 뜻하기도 하지만 위험을 의미하기도 했다. 멀리서라도 빨간 깃발이 보이면 '아, 뭔가 경고의 메시지가 있나 보다.'라고 생각하곤 했으니 말이다. 시울이가 생각을 마칠 때쯤 신호등에 초록불이 켜졌다. 아빠는 아무렇지도 않게 또 출발을 했다.

"아빠, 지금 초록불인데!"

"아차, 초록불이 멈추는 거지."

그러나 잘못을 깨달았을 때는 이미 늦었다. 바로 앞 횡단보도에서 사람이 빠르게 걸어가고 있었기 때문이다.

"안 돼!!"

아빠는 다급하게 브레이크를 밟았다. 쿵 하는 충격이 느껴졌고, 자동차는 끼익 소리를 내며 빙글빙글 돌았다.

잠시 후, 주변이 너무 조용하다는 생각에 시울이는 질끈 감았던 눈을 살짝 떠 보았다. 어둠 속에서 익숙한 방 안의 풍경이 들어왔다.

'후유……, 꿈이었구나. 큰일 날 뻔했네.'

끔찍한 꿈 때문에 온몸이 다 땀에 젖어 있었다. 그나저나 실제로 이렇게 신호 체계를 바꿔 놓는 도시나 나라가 있다면 얼마나 골치 아플까?

시울이는 다시 잠을 청해 보려고 눈을 꼭 감았지만 쉽게 잠이 올 것 같지 않았다.

동기의 잘못된 만남은 위험해요

이 책을 읽은 친구들은 접근 동기가 무엇이고 회피 동기가 무엇인지 설명할 수 있을 거예요.

접근 동기는 무언가 강하게 소망하는 것을 갖고 싶은 마음, 좋은 것을 얻기 위해 새로운 일을 하게 하는 마음이지요. 회피 동기는 무언가를 피하고 싶은 마음, 나쁜 것을 막아 내기 위해 구체적인 일을 하게 하는 마음이에요.

그래서 오랜 시간 길게 해야 하는 일은 접근 동기를 자극하고, 지금 당장 해야 하는 긴급한 일, 안전에 관련된 일, 규칙에 관련된 일은 회피 동기를 자극해야 한다는 것도 배웠지요.

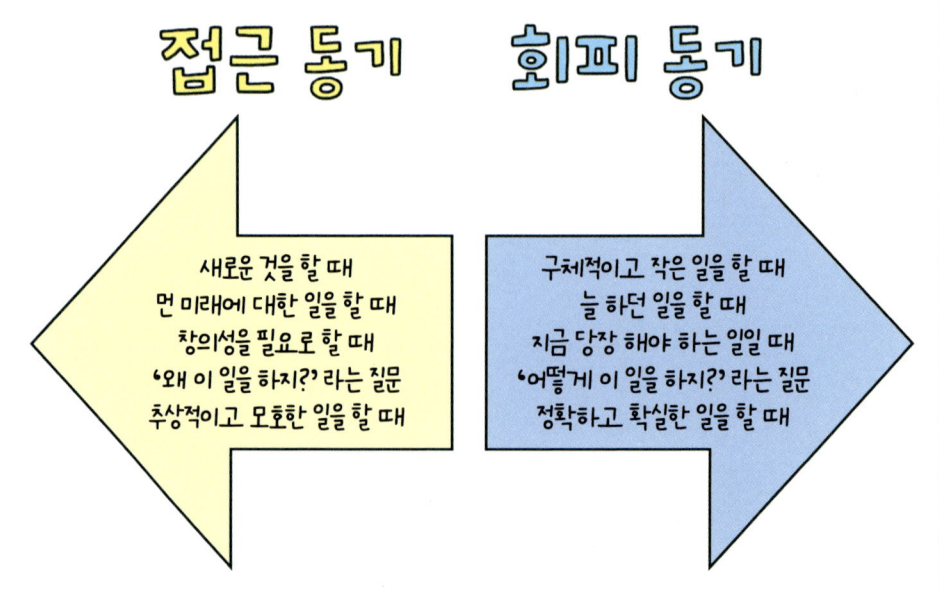

116

일과 동기가 상황에 잘 맞으면 좋은 결과가 나오지만, 잘 맞지 않으면 실수가 생기고 오류가 발생할 수 있어요. 심리학자들은 이런 상황에 **'호환성'**이라는 말을 사용해요.

호환이란 서로 교환한다는 뜻인데, 두 개의 대상을 서로 맞바꿀 정도로 잘 통한다는 뜻으로 이해할 수 있어요.

이야기 속에 등장한 신호와 색깔이 그 예가 될 수 있겠지요. 빨간색은 화려하고 강렬한 색깔이에요. 또한 불이나 피를 연상시키기 때문에 위험을 상징하는 색이기도 하지요. 그래서 거의 세계 모든 나라에서 경고와 관련된 표지판에 빨간색을 사용해요. 반대로 초록색은 자연의 색깔이기 때문에 편안함과 평화로움을 느끼게 해 주지요. 안전, 평화, 휴식, 그리고 허락의 뜻도 가지고 있어요.

빨간색은 '멈춤'과 호환되고 초록색은 '출발'과 호환이 되는데, 그것을 갑자기 뒤집는다면 혼란이 일어나겠지요?

이와 같은 호환성은 많은 사람들이 오랜 시간 함께 쌓아 올린 작은 지식과 경험들이 모여서 만들어졌어요. 이것을 우리는 '상식'이라고도 부른답니다.

경험으로 만들어진 상식은 쉽게 바꾸기 어려워요. 아무리 간단한 것이라도 생각처럼 잘 바뀌지 않아요.

자, 여러분! 아래의 글자가 어떤 색깔로 쓰여 있는지 빠르게 말할 수 있나요? 글자를 읽는 게 아니라 글자 색을 말하는 거예요!

빨강 파랑 노랑 연두
주황 검정 보라 회색

아마 어렵지 않게 읽을 수 있었을 거예요. 이번에도 한번 글자가 어떤 색깔인지 빠르게 말해 보세요.

빨강 파랑 노랑 연두
주황 검정 보라 회색

어떤가요? 아까보다 훨씬 어려웠지요? 정신을 똑바로 차리고 글자 색만 보려고 해도 어느 순간 글씨 그대로 읽어 버리는 실수를 하고 말았을 거예요.

이처럼 이미 익숙해진 호환성을 무시하거나 억누르는 건 쉽지 않아요. 호환성이 떨어졌을 때 우린 빠르게 행동을 취할 수 없고 실수가 튀어나오곤 해요.

　접근 동기와 회피 동기도 마찬가지! 상황과 딱 호환되는 동기를 적절하게 이용한다면 좋은 결과가 나오겠지만 엉뚱하게 사용하면 오히려 일을 망칠 수도 있답니다.

🎮 게임 실력을 더 좋게 하려면?

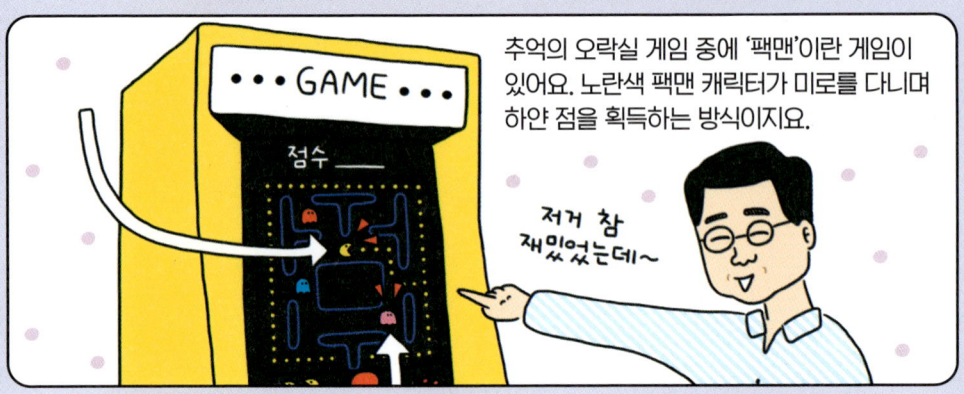

추억의 오락실 게임 중에 '팩맨'이란 게임이 있어요. 노란색 팩맨 캐릭터가 미로를 다니며 하얀 점을 획득하는 방식이지요.

"저거 참 재밌었는데~"

즉, 유령을 잘 피할수록 점수를 얻는 단순한 내용이에요.

"아, 간단하구먼."
"쉬워 보이는데?"

막상 해 보면 생각처럼 잘되지 않아요.

"으아악!! 또 죽었어! 열받네…."
"은근히 어렵네."
"왜 잘 안되지?"

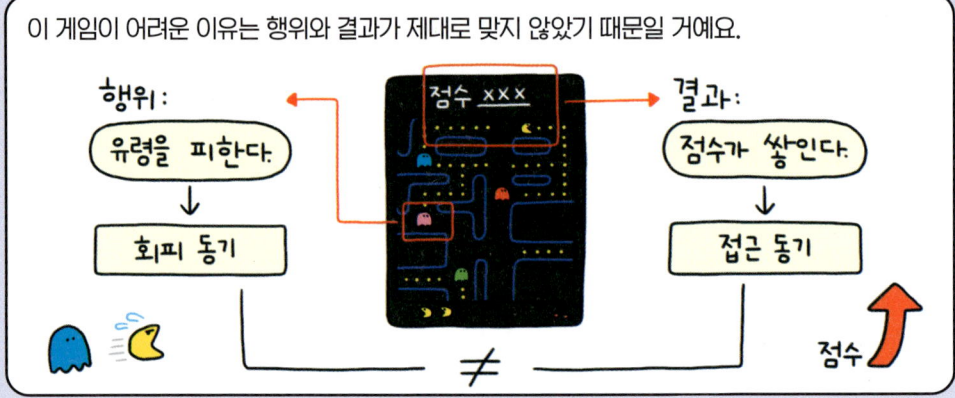

이 게임이 어려운 이유는 행위와 결과가 제대로 맞지 않았기 때문일 거예요.

행위: 유령을 피한다. → 회피 동기
결과: 점수가 쌓인다. → 접근 동기
≠
점수

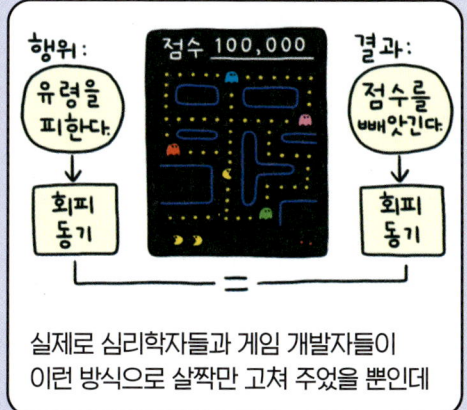

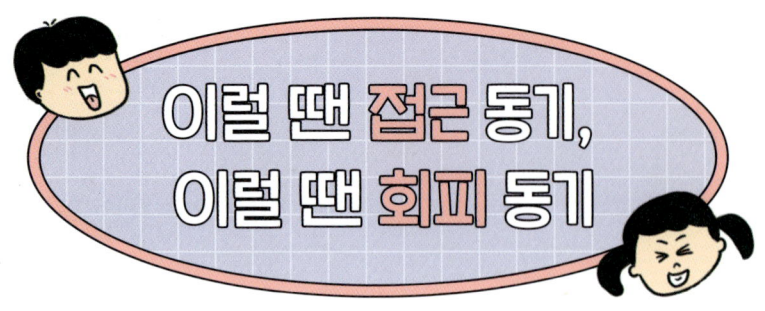

꿈은 원대하게, 계획은 자잘하게

"우리의 목표는 전국 대회 우승이다!"

농구부 주장이 우렁찬 목소리로 외쳤다. 커다란 덩치와 짧게 자른 머리, 고릴라를 연상시키는 우락부락한 외모와 딱 어울리는 엄청난 목소리였다.

이제 막 농구를 시작한 신입 부원은 주장의 말에 가슴이 벅차올랐다. 전국 대회 우승? 어떻게 하는 건지 모르겠지만 어쩐지 폼나지 않는가? 그 영광의 자리에 함께하는 생각만으로도 심장이 터질 것만 같았다.

"좋아요, 주장! 한번 해 보자고! 다들 터무니없는 소리라고 비웃어도 난 할 수 있다고 생각해요! 자! 오늘부터 도전이다!"

주장은 호기롭게 받아치는 신입을 보며 피식 웃었다.

"그래, 너! 그런 의미에서 매일 드리블 500번, 레이업 슛 500번 연습해서 나에게 검사받도록 해."

"엥? 겨우 그런 시시한 걸 하라고요?"

신입은 기가 막혔다. 드리블이라면 상대방 코트로 공을 튀기며 걸어가는 것에 지나지 않는다. 레이업 슛은 슛 중의 기본 아닌가? 별로 멋있어 보이지도 않고, 점수도 높지 않다. 물론 신입의 실력이 그렇게 좋지는 않기 때문에 모든 기술을 잘할 수 있는 건 아니다. 하지만 말이 500번씩이지, 별것도 아닌 기술 때문에 귀한 시간을 허비해야 한다니, 자존심이 상할 노릇이었다. 신입은 용기를 내서 한마디 덧붙였다.

"그래도 주장……. 전국 대회 우승을 하려면 그것보다는 더 멋있는 걸 연습하는 게 낫지 않아요? 슬램덩크라든가……."

"뭐어?! 허! 어림없는 소리!"

주장은 기가 찬다는 듯 코웃음을 쳤다.

"쓸데없는 생각 말고 매일매일 정해진 양만큼씩 연습해라. 농구장 바닥 청소도 해야 하는 거 알지? 안 그러면 대회 출전은커녕 농구부에서 잘릴 줄 알아."

주장의 말에 농구부 부원들은 키득키득 웃기까지 했다. 신입은 얼굴이 시뻘게졌다. 아니 이게 무슨 망신이란 말인가. 이제 갓 농구를 시작한 초보이지만, 머지않아 곧 농구계의 대스타가 될 자신에게 바닥 청소나 시키다니. 마음 같아서는 당장 때려치우고도 싶었지만 주장의 덩치를 보니 상대가 안 될 게 뻔했다. 정녕 신입은 울며 겨자 먹기로 매일 정해진 양의 연습을 해야만 하는 운명인 걸까?

접근 동기와 회피 동기 모두 필요해요

> 우리 한번 해 보자! 우리에겐 꿈이 있잖아!

 미지의 세계로 나아갈 때, 용기가 필요할 때, 우리를 자극시켜 주는 것은 접근 동기입니다. 남들이 생각하지 못한 새로운 분야에서 큰 성공을 이룬 사람들의 이야기를 들어 보면 이 일이 잘되었을 때 기쁨과 즐거움을 떠올렸다고 해요. 기쁨과 즐거움은 접근 동기가 밑바탕이 되었을 때 나오는 감정이에요.

> 실패하면 큰일 나. 완전 망한단 말이야.

 반대로 회피 동기가 일의 원동력이 되면 새로운 시도를 망설이게 되지요. 예전 방식을 그대로 답습하거나 책임을 덜 지려고 애쓰곤 해요. 불안, 좌절, 두려움 등의 감정이 더 잘 느껴지고요. 그렇다면 회피 동기보다 접근 동기가 무조건 좋기만 한 걸까요?

어른들은 운전을 처음 배울 때 여러 가지 규칙들을 잘게 잘게 쪼개서 익힌다고 해요.

- 출발할 때는 먼저 브레이크에서 발을 뗀다.
- 그 발을 액셀러레이터로 천천히 옮긴다.
- 액셀러레이터를 지그시 밟는다.
- 좌회전을 할 때는 왼쪽 방향지시등을 켠다.
- 핸들을 왼쪽으로 돌린다.

이때는 '운전 잘해서 멋지게 보여야지.'라는 마음보다는 '사고 내지 말아야지.'라는 마음이 더 커요. 즉, 회피 동기가 기반이 된 행동이지요.

물론 운전이 익숙해지고 나면 미세하게 쪼갰던 행동들이 하나의 커다란 연속 동작으로 인지되어 자동차를 마치 내 몸처럼 움직일 수 있어요.

이처럼 안전에 대한 것들은 회피 동기를 이용해서 챙겨야 해요. 접근 동기는 먼 미래를 꿈꿀 수 있게 해 주고, 전체적인 상황을 바라보며 자신감을 주지만 꼼꼼한 규정이나 안전에는 덜 민감

하게 만들거든요.

어느 고등학생이 이렇게 결심합니다.

시험을 잘 봐서 좋은 대학에 가야지!

꿈꾸던 캠퍼스 생활이 눈앞에 펼쳐지니 마음이 들떠 와요. 당장이라도 공부를 해서 좋은 성적을 얻고 싶어지네요. 이런 마음은 접근 동기에 해당한다는 것, 이제 다들 알지요?

그런데 시간이 지나 몇 번의 시험을 보았는데도 성적은 딱히 오르지 않습니다. 불안하고 초조해야 공부를 할 텐데 이 친구는

웬만한 일에는 크게 걱정을 하지 않는 느긋한 성격이었던 거죠. 여전히 성공한 자신의 모습을 꿈꾸듯 그려 보지만 시간은 그를 기다려 주지 않습니다. 결국 수능시험 전날까지 여유롭게 놀다가 시험을 망쳐 버렸습니다.

'에이, 어쩔 수 없네. 올해는 그냥 넘기고 내년에는 진짜 시험 잘 봐야지.'

회피 동기 없이 접근 동기만 남았을 때 발생할 수 있는 안타까운 결과랍니다.

불안과 걱정이 꼭 나쁜 건 아니에요. 우리가 무언가를 열심히 하게 만드는 에너지원이 되어 주니까요.

그렇기 때문에 **처음 큰 꿈을 가질 때는 접근 동기로 시작하더라도, 일을 실행하는 단계에서는 회피 동기가 나와야 합니다.**

그래서 해야 할 일을 잘게 쪼개고 규칙을 지켜 나가면서 실패할 확률을 줄일 수 있거든요. '좋은 대학에 간다!'라는 목표 뒤에는 작은 규칙이 따라붙어야 해요. 매일 문제집 열 장씩 풀기, 인터넷 강의 두 시간씩 듣고 노트 정리하기, 모의고사 후 오답 체크하기처럼요.

정부와 기업에서도 마찬가지예요. 어떤 일이든 처음 시작할 때는 큰 목표가 필요하지요. 비전이나 꿈은 접근 동기로 다가가는 게 좋아요. 하지만 일단 일이 시작되면 구체적이고 자질구레한 규칙과 고민이 꼭 있어야 해요. 그때가 바로 회피 동기가 필요한 순간이지요.

아무리 원대한 목표라도 매일매일 해야 하는 시시한 규칙이 없다면 이루기 어렵다는 사실을 기억하세요.

📖 접근 동기와 회피 동기가 만나는 일기 쓰기

접근 동기만 있어도 안 되고 회피 동기만 있어도 안 돼요. 두 가지가 서로 보완해야 하니까요.

어떻게 해야 접근 동기와 회피 동기를 모두 가질 수 있을까요? 심리학자들이 추천하는 최고의 방법은 일기 쓰기예요.

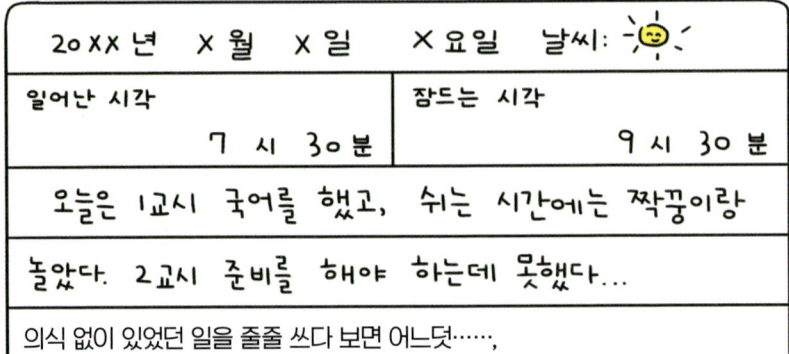

'왜?'라는 생각이 떠오를 때가 있어요.

'무엇을' '어떻게'만 생각하던 친구에게도 불현듯 접근 동기가 떠오르는 순간이지요.

노인과 평화

한 노인이 작은 공원과 가까운 집에 살고 있었다. 노인의 소원은 얼마 남지 않은 여생을 조용하고 평화롭게 보내는 것이었다. 음악을 듣고, 책을 읽고, 공원을 산책하면서 말이다.

그런데 어느 날부터인가 아이들이 집 근처 공원에 찾아오기 시작했다. 아이들이 도란도란 조용히 놀면 참 좋았겠지만 아쉽게도 이 마을 아이들

은 엄청난 개구쟁이였다. 아이들은 매일같이 아주 시끄럽게 놀았다. 울기도 하고, 소리도 지르고, 공원 주변 물건도 망가뜨리는 등 온갖 말썽을 다 피웠다. 노인의 조용하고 평화로운 일상이 완전히 파괴된 것이다.

"이 녀석들! 시끄럽다! 다른 데 가서 놀아!"

노인은 화를 내며 아이들을 쫓아내 보기도 했다. 하지만 효과는 잠시뿐, 아이들은 약간 눈치를 보는 듯 하더니 노인이 등을 돌리자마자 더 크게 떠들며 노는 것이었다.

어떻게 해야 다시 조용하고 평화로운 일상을 회복할 수 있을까? 고민 끝에 노인에게 좋은 생각이 떠올랐다.

"얘들아, 지난번에 소리 질러서 미안했다. 너희가 이 공원에서 노니까 정말 좋구나. 앞으로 여기에 놀러 올 때마다 할아버지가 5,000원씩 줄게."

"우아, 진짜죠? 할아버지 짱!!"

노인의 말에 아이들은 뛸 듯이 기뻐했다. 그냥 노는 것도 좋은데 돈까지 받을 수 있다니! 이 소식을 들은 다른 동네 아이들까지 몰려들어 한동안 공원은 축제 분위기였다.

그렇게 일주일이 지나자 노인이 아이들에게 찾아가 이렇게 말했다.

"얘들아, 미안하다. 할아버지가 요즘 돈이 부족하네. 앞으로는 1,000원씩만 줄게, 응?"

그러자 아이들의 표정이 금세 일그러졌다.

"아 뭐, 할 수 없죠……."

돈이 갑자기 깎여서 불만이 생기긴 했지만 어쨌든 공돈이 생기니 나쁠 건 없었다. 아이들은 계속 공원을 찾아와 시끄럽게 놀았다.

그렇게 또 일주일이란 시간이 흘렀다. 다시 아이들에게 다가온 노인은 침울한 얼굴로 말했다.

"후유……. 얘들아, 정말 정말 미안하구나. 오늘부터는 100원씩밖에 못 줄 것 같아."

아이들은 하던 놀이를 멈추고 어이가 없다는 듯 웃었다. 어떤 아이는 냅다 화를 내기도 했다.

"아니, 할아버지. 저희가 단돈 100원 받으려고 그 먼 데서 여기까지 오는 줄 아세요?"

"100원으로 뭘 해요. 요즘 물가에 과자 하나 못 사 먹는다고요!"

"우리가 여기 아니면 놀 데가 없는 줄 아세요?"

잔뜩 심통이 난 아이들은 우르르 공원에서 나가 버렸다. 그리고 다시는 그 공원을 찾아오지 않았다.

"휴, 이제 좀 조용하군."

마침내 노인은 다시 책을 읽고, 음악을 듣고, 산책을 하며 평화로운 나날을 보낼 수 있게 되었다고 한다.

내적 동기와 외적 동기

우리의 생각을 이끌어 주고 행동을 할 수 있게 만드는 힘, 동기! 동기는 어디에서 출발하느냐에 따라 두 가지로 나뉠 수 있어요.

첫 번째는 내 마음속에서 시작되는 동기입니다. 어떤 일에 대한 관심, 좋아하는 마음, 행동을 통해 얻는 즐거움이에요. 이런 동기를 '**내적 동기**'라고 불러요.

두 번째는 밖으로부터 오는 '**외적 동기**'예요. 내가 어떤 일을 할 수 있게 다른 사람이 자극을 주는 거지요. 잘했을 때 보상을 받거나 못했을 때 처벌을 받는 것처럼 말이에요.

앞서 읽은 이야기를 살펴볼까요? 아이들이 처음에 가지고 있던 동기는 내적 동기예요. 누가 뭐라든 상관없이 공원에 모여 노는 것 자체를 즐겼으니까요.

그런데 노인이 주는 돈을 받게 되자, 내적 동기가 외적 동기로 바뀌어 버렸네요? 보상을 얻기 위해 놀이를 하게 되었으니까요. 그러다 보상이 없어지니 더 이상 놀이가 즐겁지 않아졌습니다.

여러분도 혹시 비슷한 경험이 있나요? 막상 공부를 하다 보면 지루하고 힘들 때도 있지만 재미있게 느껴지는 순간이 있어요. 무언가에 몰입하고 새로운 것을 알아 갈 때 우리는 즐거움을 느끼게 마련이거든요. 그런데 그 순간, 부모님이 공부를 열심히 하라고 잔소리를 하거나 갑자기 보상을 준다면 그 즐거움이 떨어지는 느낌이 들 때가 있지 않나요?

돈은 가장 대표적인 외적 동기 중 하나예요. 많은 어른들이 돈을 벌기 위해 힘든 일을 견디고 노력하거든요. 아무리 하기 싫은 일이라도 돈이 걸려 있다면 눈에 불을 켜게 되는 게 사람의 마음이지요. 그런데 정말 돈을 준다고 하면 일을 더 잘하게 될까요?

칼 던커라는 학자가 있어요. 사람들이 풀기 어려워하는 지독한 문제 만드는 걸 즐기는 사람이었대요. 칼 던커가 만든 문제를 보면 우리가 얼마나 고착된 생각에서 헤어 나오기 힘들어하는지를 바로 알 수 있답니다.

자, 그림을 잘 보세요. 책상 위에 여러 가지 물건이 놓여 있네요. 양초, 압정, 성냥이 있지요? 칼 던커는 이렇게 말했어요.

"자, 이 물건들을 이용해서 양초를 벽에 고정해 보세요. 단, 책상에 촛농이 떨어지면 안 됩니다."

실험에 참석한 사람들은 무척 난감해 했어요. 압정으로 양초를 찍어 눌러 볼까? 양초의 옆면을 녹여서 벽에 붙여 볼까? 양초를 이쪽으로 돌려 보고, 압정을 박아 보고, 성냥을 부러뜨려도 봤지만 잘될 리가 없지요. 하지만 생각보다 해결책은 아주 간단했답니다.

　　이렇게, 압정을 담은 상자를 이용하면 되거든요.
　　생각보다 간단하죠? 물론 많은 사람들이 상자가 있다는 건 알았지만 압정을 담는 용도로만 생각했을 거예요. 촛농 받침대로는 미처 생각을 바꾸기가 어려웠던 거지요.
　　하지만 시간이 조금 많이 걸릴 뿐, 차분히 생각하면 문제를 해결할 수 있었답니다.

20여 년이 지난 후, 그룩스베르크라는 다른 심리학자가 이 양초 실험을 살짝 바꿔 보았어요. 똑같은 물건을 준비하고, 똑같은 문제를 냈지만 이런 조건을 하나 더 추가했다고 해요.

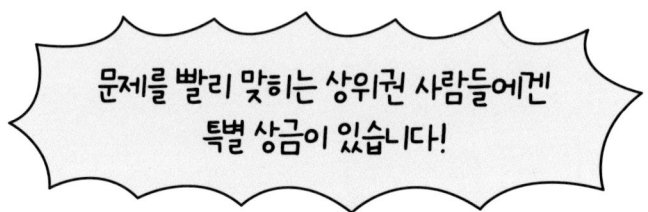
문제를 빨리 맞히는 상위권 사람들에겐 특별 상금이 있습니다!

자, 문제를 빨리 해결하면 돈까지 받을 수 있다니! 과연 사람들은 더 빠른 시간 안에 해결 방안을 찾았을까요?

그렇지 않았어요. 그룩스베르크뿐 아니라 이후에 더 많은 연구자들이 비슷한 실험을 반복해 보았지만, 돈을 준다고 하자 오히려 문제 해결에 걸리는 시간이 더 늘어났다고 해요.

정말 신기하지요? 많은 회사나 기관에서 어려운 일을 수행하게 하기 위해 돈을 보상으로 내걸어요.
하지만 창의적인 일, 발상의 전환이 필요한 일에서는 오히려 돈이 역효과를 낸다는 이야기지요.

심리학자는 문제를 조금 바꾸어 보았어요. 압정을 상자에서 꺼내어 상자가 잘 보일 수 있게 한 거지요.

어때요, 문제가 훨씬 쉬워졌지요? 이제 고정 관념을 깨거나 발상을 전환시킬 필요가 없어졌어요. 이렇게 문제를 쉽게 바꾸니 상금을 걸었을 때가 그렇지 않았을 때보다 결과가 더 좋아졌다고 해요. 사람들이 돈을 받기 위해 빨리 문제를 해결한 거예요.

즉, 돈이라는 보상은 '어려운' 문제가 아니라 '쉬운' 문제일 때에만 그 효과가 나온다는 걸 알 수 있어요. 돈은 사람들의 시야를 좁게 만들어요. 좁은 시야로도 해결할 수 있는 문제, 즉 구체적이고 쉬운 문제, 조금은 사소한 문제일 때에만 돈이라는 동기가 확실한 효과를 가져온다는 거예요.

돈이 있으면 많은 것을 할 수 있어요. 맛있는 것도 먹을 수 있고, 갖고 싶은 물건도 살 수 있고, 좋아하는 사람과 아름다운 장소로 여행할 수도 있지요. 돈이 소중한 이유는 이 모든 일을 할 수 있는 매개체이기 때문이에요. 만약 하고 싶은 일이 없으면 돈은 그저 종잇조각일 뿐이지요.

돈은 내적 동기가 아니라 외적 동기니까요.

어른들 중에서는 그저 돈 자체가 좋아서 모으는 사람도 있고, 그저 돈이 많다는 것을 계속 자랑하는 사람도 있어요. 하지만 목적이 없는 돈은 그 자체로는 큰 의미가 없답니다.

사람들은 돈을 벌기 위해 열심히 일하지요. 그런데 어떤 사람들은 일하다 보니 돈이 저절로 따라왔다고 말하기도 해요.

우리가 알고 있는 대부분의 성공한 사람들은 두 번째에 속한답니다. 일을 사랑하고 내가 해야 하는 일에 몰두하다 보니 자연스럽게 부자가 되어 있었던 거예요. 여러분은 어떤 어른이 되고 싶은가요?

04
우리 모두는
창의적이야!

지혜와 지식의 차이

레이저로 암세포를 제거하라!

어려운 시험을 통과한 똑똑한 학생들이 모인 대학이 있었다. 한 교수가 학생들이 얼마나 지혜로운지 시험하기 위해 문제를 냈다.

"당신은 의사입니다. 어느 날 암에 걸린 환자가 찾아왔어요. 당장 환자의 위장에서 자라고 있는 암세포를 없애지 않으면 목숨이 위험한 상태예요. 그런데 이 환자는 몸이 약해 수술을 할 수 없다고 합니다. 환자를 살릴 수 있는 유일한 방법은 레이저로 암세포를 쏘는 거예요."

학생들은 눈을 초롱초롱 빛내며 교수의 이야기를 들었다.

"그런데 문제가 있습니다. 그 레이저는 너무 강해서 한 번 쏘는 순간 멀쩡한 다른 장기까지 파괴시킬 수 있어요. 그게 두려워서 레이저를 안 쏘면 암세포가 계속 커지겠지요. 자, 여러분이라면 이 문제를 어떻게 해결할 건가요?"

학생들은 머리를 싸매고 괴로워했다. 결국 이러지도 저러지도 못하는 상황이었다.

"하, 정말 어렵네요."

"이거 참, 환자를 살릴 방법이 없어 보이는데요?"

"모르겠어요. 어떻게 해야 하죠?"

시간이 꽤 흘렀지만 뾰족한 수를 내놓는 학생들은 없었다. 아주 소수의 학생들이 답을 맞혔을 뿐 대다수의 학생들은 손도 못 대고 있었던 것이다. 답을 이미 알고 있었던 교수로서는 답답할 노릇이었다. 답은 아주 단순하고 쉬워서 누구나 듣는 순간 "애걔?"라고 반응할 정도였기 때문이다.

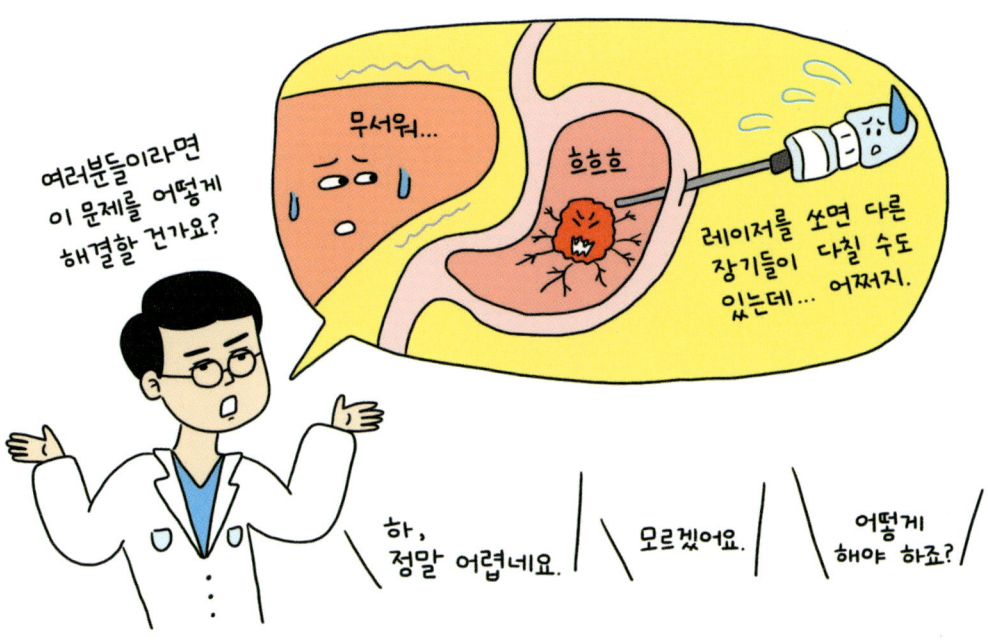

149

다음 날이 되었다. 교수는 비슷한 수준의 학생들이 모여 있는 다른 교실에 들어갔다. 이번에도 레이저로 암세포를 제거하는 문제를 낼 생각이었다. 그런데 이번엔 순서가 조금 달랐다. 문제를 내기 전에 동영상 한 편을 틀어 준 것이다.

영상에는 한 장군이 등장했다. 그는 요새를 함락시키기 위해 작전을 세우는 중이었다. 장군은 출전을 앞두고 고민하고 있었다.

"흠, 한 번에 많은 군사를 출동시키면 길이 무너질 것이고, 적은 군사로만 공격하면 전투에서 질 것이다."

장군이 공격해야 할 요새는 조금 특이했다. 요새까지 향하는 길이 무너지기 쉬운 다리로 되어 있었다. 하지만 요새 자체는 무척 견고했다. 그러니 군사를 많이 출동시켜서도 안 되고 적게 보내서도 안 됐다. 이러지도 저러지도 못하는 상황, 하지만 장군은 곧 고민을 끝내고 이렇게 외쳤다.

"그렇다면 방법은 하나! 소규모 부대를 많이 만들어서 여러 방향에서 공격한다!"

결국 그는 부대를 여러 개로 나누어 다양한 방향으로 공격을 시도했다. 방법은 성공이었다. 이윽고 요새는 쉽게 함락되었다.

몇 분 후 수업이 시작되자 교수는 어제와 똑같은 문제를 냈다.

"강한 레이저를 쏘면 다른 장기가 파괴되고, 레이저를 안 쏘자니 암세포를 못 죽이는 상황입니다. 여러분이 의사라면 어떻게 해결할 건가요?"

그러자 이번엔 꽤 많은 학생들이 앞다투어 손을 들고 문제를 맞혔다.

이 어려운 문제의 정답은 무엇이었을까?

바로 '약한 레이저를 여러 방향에서 쏜다.'였다. 레이저의 세기를 분산시키면 지나가는 길에 있는 장기를 손상시키지 않지만 결국 다 모이면 원래의 세기와 동일한 효과가 나오기 때문이다.

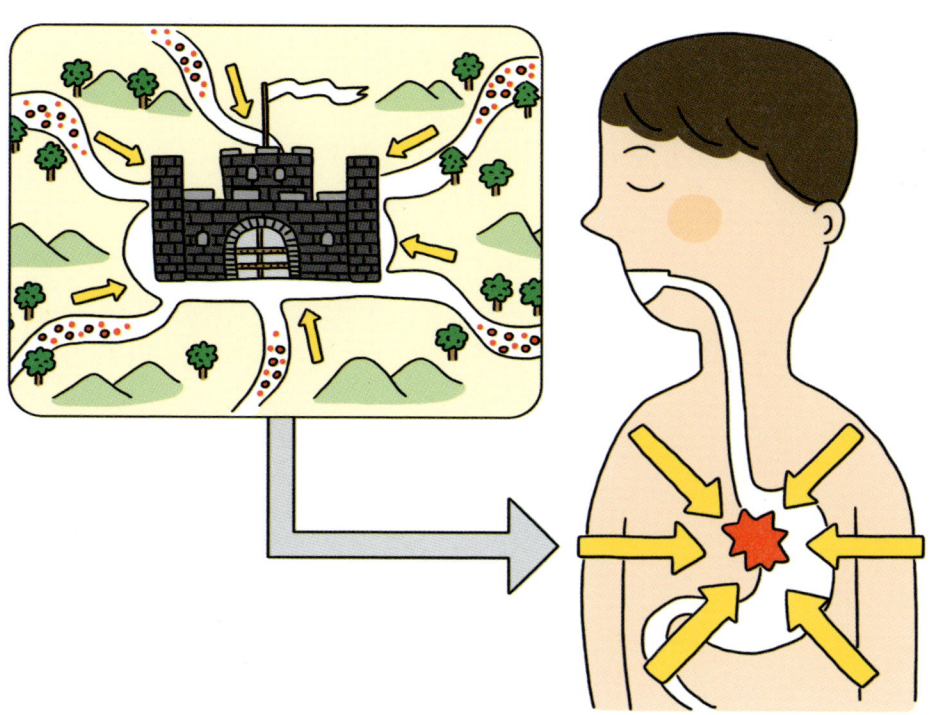

이미 알고 있지만 꺼내지 못하는 것

이야기를 재미있게 읽어 보았나요? 레이저로 암세포를 제거하는 골치 아픈 문제는 유명한 심리학자 칼 던커가 만든 거예요. 저 또한 실제로 이 문제를 다양한 종류의 학생들에게 물어보았는데, 결과는 모두 비슷비슷했지요.

암세포 제거에 대한 문제만 들었을 때엔 대부분의 학생들이 정답을 생각해 내지 못했어요. 최고의 수재들이 모인 곳에서도 10% 정도만 정답을 생각해 내는 정도였지요.

그러나 직전에 요새를 함락시키는 장군의 이야기를 들으면 정답을 맞히는 확률은 확실히 높아졌어요. 게다가 "요새 공격 이야기가 힌트입니다."라는 말 한마디만 덧붙이면 거의 모든 학생들이 아주 쉽게 정답을 맞혔답니다.

여기서 지식과 지혜의 차이가 생기는 것 같아요. 지식이란 내가 이미 알고 있는 것들이지요. 공부나 경험을 통해 내 머릿속에 들어 있는 것들 말이에요.

지혜는 그 지식을 전혀 상관없는 다른 영역에서도 꺼내어 쓸 수 있는 능력이에요.

여러분은 지혜롭고 창의적인 사람이 되고 싶은가요?

새로운 아이디어를 척척 내는 친구, 곤란한 문제도 가볍게 해결하는 친구, 기발한 상상을 하거나 색다른 관점을 가진 친구, 평범함을 거부하는 친구들을 보면 참 부럽지요. 세상을 바꾼 위대한 사람들 역시 남과 다른 창의적인 생각을 가지고 있었어요. 이런 사람들은 어떻게 만들어지는 걸까요? 혹시 지능이 뛰어나다거나 특별한 능력이 있는 건 아닐까요? 심리학자들은 창의성은 능력이 아니라고 이야기합니다.

우리 모두 창의적인 생각을 갖고 있어요. 단지 그것을 머릿속에서 꺼내느냐, 그렇지 못하느냐의 차이지요.

남과 다른 생각, 상식을 뛰어넘는 생각은 이 문제가 속한 영역이 아닌 다른 영역에서 옵니다.

조금 전 이야기에서 암세포 제거에 대한 힌트를 요새를 공격하는 군대에서 찾은 것처럼 말이에요.

군사 영역 지식이 의료 영역으로, 물리 영역 지식이 외교 영역으로, 요리 영역 지식이 경제 영역으로……. 내가 가진 지식은 전혀 다른 영역에서 기발하고도 새로운 생각이 될 수 있답니다.

　이때 필요한 것이 바로 '유추하는 힘'이에요. 나에게 주어진 문제를 해결하기 위해 기존에 아는 지식을 활용하는 능력이지요. 사실 유추는 굉장히 어려운 정신 활동이에요. 그래서 그것을 잘해 내는 사람을 우리는 인재라고 부릅니다.

　만유인력을 발견한 뉴턴의 이야기를 기억하나요? 나무에서 떨어지는 사과를 보고 우주에 작용하는 힘의 비밀을 밝혀냈지요.

　목욕물이 넘치는 것을 보고, "유레카!" 하고 외치며 밀도의 개념을 생각한 아르키메데스는 또 어떻고요.

　우리는 위인전을 보며 창의적인 사람들의 업적만을 기억하곤 해요. 하지만 창의성이 폭발적으로 발휘된 그 순간에 어떤 일이 일어났는지 꼼꼼하게 살펴볼 필요가 있답니다. 아마도 풀리지 않는 문제 앞에서 다른 분야의 지식으로 유추하려는 시도가 있었을 거예요. 전혀 다른 영역에서 지금의 문제를 해결하는 '유추'가 창의성의 힘이라는 사실을 기억하세요.

케쿨레의 꿈

석유에서 추출되는 벤젠은 플라스틱, 의약품, 소독제, 페인트 등에 사용되는 물질이에요.

그런데 19세기에만 해도 벤젠은 수수께끼에 쌓인 미지의 물질이었어요.

과학자들이 아무리 고민을 해도 벤젠의 분자 형태를 알 수 없었거든요.

탄소 여섯 개와 수소 여섯 개가 연결됐다는 것까진 알았지만….

당시의 화학 지식으론 정확한 모양을 몰랐던 거지.

케쿨레라는 과학자도 벤젠에 대해 열심히 연구했어요.

하… 정말 어려운 물질이군.

피곤에 지쳐 잠을 자던 케쿨레는 이상한 꿈을 꿨어요.

벤젠… 벤젠… 쿨쿨…

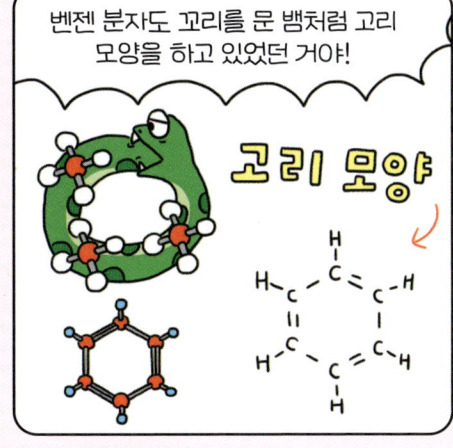

시인과의 대화

친구 민서 집에 놀러 갈 때마다 시울이는 민서 동생 민지의 말에 깜짝깜짝 놀라곤 한다. 이제 막 여섯 살짜리 아이가 어찌나 재미있고 재치 있게 말을 하는지, 깔깔깔 소리 내서 웃거나 코끝이 찡할 때가 한두 번이 아니었다.

얼마 전에 민지는 숲길을 지나다가 이끼가 낀 나무를 보더니 이렇게 이야기했다.

"언니, 저 나무는 녹이 슬었네?"

푸릇푸릇 이끼 낀 모습이 마치 금속에 녹이 슨 것처럼 느껴진 모양이다. 어린 민지의 감각은 어떤 소리나 온도도 그냥 지나치는 법이 없었다.

"새가 엄마를 찾고 있나 봐."

"햇빛이 꼭 이불 같아."

"이 길에서 할머니 냄새 나."

시울이가 듣기엔 표현 하나하나가 마치 시인처럼 느껴지곤 했다. 감탄한 시울이가 칭찬하자 민서는 못 말린다는 듯 말했다.

"아유, 몰라. 내 동생은 맨날 말도 안 되는 엉뚱한 얘길 한다니까?"

그래도 은근히 동생이 귀여운지 살짝살짝 자랑하는 게 느껴졌다.

"못 알아보는 그림을 그려 놓고는 '희망'을 표현한 거라지 않나, 영화를 본 다음엔 그 내용을 가지고 노래를 만들지 않나. 애가 좀 독특한 건지 이상한 건지……."

시울이는 민지의 순수함과 자유로움에 부러움을 느꼈다.

'나도 지금보다 더 어렸을 땐 엉뚱하고 재미있는 상상을 훨씬 많이 했었는데…….'

고학년이 되면서 마음의 여유도 많이 줄어들었고, 친구들이 놀릴까 봐

엉뚱한 이야기를 하고 싶어도 눈치가 보였기 때문이다.

시울이에게도 구름을 보면서 강아지를 떠올리고, 나뭇잎을 보면서 먼 나라의 지도를 생각했던 때가 있었다. 시울이는 그때로 돌아가고 싶었다.

'이럴 게 아니라 나도 한번 시를 써 볼까?'

국어 시간에 시에 대해 배웠던 기억이 났다. 선생님은 하고 싶은 이야기를 '은유'를 통해 표현하라고 하셨다. 비슷한 특징이 있는 다른 말로 바꾸어 보라는 것이다.

'음……. 부슬부슬 빗소리는 지글지글 전 부치는 소리 같다? 두근두근 설레는 마음은 생일 케이크를 한입 먹을 때 같고……'

왜 자꾸 먹을 것만 생각나는 것일까? 간만에 시를 써 보려고 하니 배가 고픈 시울이었다.

창의성 천재, 은유

지난 화에서 우리는 창의성에 대해 이야기를 했어요. 창의성은 전혀 다른 것을 연결하는 힘에서 온다고도 배웠지요.

뉴턴은 사과와 중력을 연결시키고, 케쿨레는 꿈속에서 본 뱀과 벤젠 분자 구조를 연결시켰어요.

위대한 과학자나 발명가만큼은 아니지만 전혀 다른 것들을 연결하는 행동을 우리도 종종 합니다. 바로 '은유'예요.

은유는 대상을 비슷한 성질의 다른 말로 대체하는 것을 말해요. 즉, 완전히 떨어져 있는 것들을 연결하여 붙이는 개념의 접착제랍니다.

이런 은유를 통해 한 번도 연결해 본 적 없었던 눈, 마음, 창이 하나로 붙는 신비한 경험을 하게 되지요.

　이처럼 언어가 연결될 때 뇌 속에서도 놀라운 일이 벌어져요. 떨어져 있는 신경 세포들끼리도 연결되며 전기 신호가 전달되는 거예요. 이것을 시냅스라고 불러요.

　우리의 뇌 속에 새로운 시냅스가 생기는 것은 여기저기 흩어진 마을에 길을 놓아 주는 것과 같아요. 차가 쌩쌩 지나갈 수 있는 큰 도로도 만들 수 있고, 미로처럼 구불구불한 오솔길도 만들 수 있어요. 연결이 반복된다면 길은 더 튼튼하고 정교해지겠지요? 그렇게 온갖 대로와 오솔길이 만들어지다 보면 나중엔 뉴턴이나 케쿨레처럼 더 복잡하고 어려운 유추도 할 수 있지요.

창의적 발명이나 아이디어로 인류 역사에 기록된 인물들은 추상적이고 어려운 관념을 표현할 줄 알았던 사람들이었어요. 자, 그럼 우리도 창의성을 끌어올리기 위해 은유적 표현을 많이 연습해 볼까요?

은유를 연습하기 가장 좋은 시기는 바로 어린 시절이랍니다. 어른이 되면 그럴 만한 시간도 없고 사회적으로 허락해 주는 시선도 아니거든요.

여러분은 시를 좋아하세요? 평소에 시집을 읽어 본 적이 있나요? 시집을 꼼꼼하게 본 사람들은 알 거예요. 두께가 얇고 글씨가 많지 않지만 끝까지 다 읽는 게 꽤 힘들다는 것을요. 많은 어른들도 시집을 쉽게 넘기지 못하지요.

전혀 다른 대상을 연결하는 은유를 해석한다는 건 꽤 에너지가 드는 일이에요. 셰익스피어처럼 위대한 작가들이 남긴 작품을 보면 문장 하나하나에도 수준 높은 은유가 사용되곤 해요. 그리고 그 느낌을 파악하고 내용을 해석하는 데는 실제로 신체적인 힘이 들지요.

다른 사람이 만든 은유를 읽는 것만으로도 힘이 드는데, 내가 직접 은유를 만든다면 얼마나 더 힘이 들까요?

저는 가끔 학생들에게 힘들게 다이어트를 하지 말고 시를 읽거나 쓰라고 말하곤 한답니다. 이야기 속 시울이가 시를 쓰려다가 배가 고팠던 것도 이해가 되네요.

그런데 꼭 시가 아니더라도 책을 읽는다는 건 꽤 많은 에너지를 필요로 하는 일이에요. 내가 애써서 집중하고 상상하지 않으면 책의 내용은 그냥 흰 종이에 쓰인 까만 글자일 뿐이거든요.

그런데 우리가 책에 집중하다 보면 그 글자 너머에 환상적인 장면이 펼쳐지고 색깔과 향기까지 느껴질 때가 있어요.

이야기 속 인물의 목소리를 듣고, 가 보지도 않은 공간을 생생하게 경험하는 건 인지적 구두쇠인 우리에겐 너무 힘들고 어려운 일이지요.

하지만 그 경험을 통해 뇌에는 새로운 시냅스가 만들어지고, 여러 영역에서 반짝반짝 불이 켜질 거예요.

가끔 여백이 필요해요

사라진 지갑을 찾아라

"어디 있지?"

서진이는 서랍을 뒤적거렸다.

지저분하게 책들이 펼쳐진 책상 위도 마구 헤집었다. 책을 들어 사이사이를 보기도 하고, 책가방의 작은 주머니들까지 계속 손을 넣어 찾았지만 사라진 지갑은 어디에 있는지 보이지 않았다. 생일 선물로 받은 빨간 지갑이었다. 외출할 때마다 가방 안에 잘 챙기고 다녔고, 현관문을 여는 카드 키도 들어 있어서 분명히 집 밖에 흘리고 왔을 리 없었다.

"마지막으로 어디서 봤더라? 분명히 집 안에 있을 텐데?"

생각이 날 듯 말 듯 답답했다. 짜증이 난 서진이는 거의 울 듯한 얼굴로 주방과 거실까지 뒤지고 다녔다. 몇 번째 같은 곳을 확인하고 있을 뿐, 지갑은 보이지도 않을 뿐더러 마지막으로 둔 장소 역시 기억나지 않았다.

"아유, 정신없어. 잘 됐다더니 아직도 못 찾았어?"

엄마는 도와주기는커녕 야속하게 놀리는 듯 말했다.

"아, 몰라! 아무리 찾아도 없다고! 엄마 좀 도와주면 안 돼?!"

답답한 서진이는 애꿎은 엄마한테 짜증을 내고 말았다.

"자꾸 똑같은데 뒤진다고 찾아지는 게 아니더라. 이제 그만 찾고 잠깐 나가서 우유나 좀 사와. 저녁 공기가 좋던데 산책도 좀 하고."

이 상황에 웬 산책? 서진이는 어이가 없었지만 별다른 수도 없었다. 심부름도 하고 운동도 할 겸 슬슬 신발을 신고 밖으로 나갔다.

엄마 말대로 저녁 공기는 부드럽고 선선했다. 좋아하는 노래를 들을 생각에 이어폰을 챙겨 나왔지만 조용히 걷는 것도 어쩐지 나쁘지 않을 것 같았다. 가까운 편의점에서 우유를 사고 나오는데 바람이 꽤 시원했다. 동네는 해 질 무렵의 은은한 빛깔을 띠고 있었고, 놀이터에서 노는 아이들의 소리와 풀벌레 우는 소리가 멀찍이서 들려왔다.

아파트 단지를 한 바퀴 돌고, 집으로 돌아가는 길, 정류장에 멈춘 버스에서는 한 무리의 사람들이 우르르 내리고 있었다. 내리는 사람들을 슬쩍 구경하던 시울이는 어떤 누나가 크로스백을 고쳐 메는 모습을 보자마자 번뜩 생각이 떠올랐다.

'아, 맞다. 주말에 멘 크로스백 안에 지갑이 있겠네!'

완전히 잊고 있었던 지난 주말의 기억이 떠올랐다. 외출하고 집에 돌아오는데 문 앞에 택배 박스가 쌓여 있었다. 서진이가 기다리던 물건도 있어 부랴부랴 포장을 뜯느라 가방 안의 물건을 꺼내 정리하는 걸 깜빡했다. 그래도 참 다행이다. 지갑의 행방이 계속 몰두해 있을 땐 기억이 안 나더니, 다른 일을 하다가 생각이 났으니 말이다.

'엄마 말대로 잠깐 밖에 나오는 것도 도움이 되네?'

산책을 마친 서진이는 홀가분한 마음으로 집으로 돌아갈 수 있었다.

일상을 잠시 떠날 필요가 있어요

　창의적이지 못한 상태는 무엇일까요? '기존의 평범한 생각에서 벗어나지 못하는 것' '상식적인 사고에서 머무르는 것'이라고 말할 수 있을 거예요. 그렇다면 우리는 왜 기존 생각에서 쉽게 벗어나지 못할까요?

　두 가지 이유를 찾아볼 수 있어요. 하나는 앞에서 이야기한 것처럼 인간이 '인지적 구두쇠'이기 때문이에요. 기존 생각에서 벗어나려면 추가적인 생각을 계속해야 하는데, 그 자체가 꽤 귀찮은 일이거든요. 우리 뇌는 생각보다 노력하는 걸 싫어해요.

　두 번째는 지금 이 현상을 유지하고 싶어 하는 본능 때문이에요. 찐빵을 팔던 사장님이 업종을 바꾼 뒤 손해를 보자 더 큰 심리적 타격을 입은 것처럼 우리 모두는 후회하기를 제일 두려워하는 사람들이랍니다.

　이처럼 생각을 바꾸지 않는 현상을 어려운 말로 '고착', '편향'이라고 해요. 고착은 딱딱하게 굳어서 달라붙은 모습을 가리키고, 편향은 한쪽으로 치우친 모습이에요.

　새로운 아이디어가 필요할 때, 어떻게 해야 고착과 편향에서 벗어날 수 있을까요? 심리학자들은 내가 집중하고 있는 문제에서 잠시 떠나 보라고 권해요. 그냥 생각만 벗어나는 게 아니에요. 실제로 공간과 시간도 벗어나는 거예요.

　무책임하게 떠나라니, 아예 생각을 하지 말라는 얘기일까요? 그렇지 않아요. 문제에서 잠시 벗어나도 우리가 고민하는 생각들은 머릿속 어딘가에 살아 있거든요. 눈에 보이지 않게 숨어 있거나, 다른 경험을 양분 삼아 무럭무럭 자라고 있지요. 그래서 이러한 시기를 '잠복기' 혹은 '배양기'라고 부른답니다.

계속 생각해도 잘 풀리지 않는 문제들이 잠복기나 배양기를 거치다 보면 '아하!' 하고 저절로 해결되는 경우가 있어요.

아무리 애를 써도 중요한 물건을 찾을 수 없었는데 잠시 산책을 하는 동안 '아, 거기도 한번 찾아봐야겠다.'라는 생각이 떠오르는 것처럼 말이죠.

잠복기는 이미 꽉 찬 내 머릿속에 새로운 생각을 넣을 수 있는 여백의 시간이에요. 그곳에서는 다양한 은유와 유추의 재료들이 들어갈 수 있답니다.

하지만 어른이 되어 만나는 사회는 충분한 잠복기를 가지도록 허락해 주지 않아요. 빨리빨리 답을 생각하라고 하고, 어서 결론을 내리라고 하지요. 다른 사람들에게 뒤처지지 않게 서둘러 생각해야 한다는 강박이 강하지요.

많은 집단에서 아이디어가 필요할 때 사람을 모으고 오랜 회의를 해요. 하지만 창의성을 발휘해야 할 땐, 쥐어짜는 것보다 잠깐 쉬는 게 낫다는 것이 여러 연구에서 드러났어요. 모여 있을 때보다 서로 떨어져 있을 때 혁신적인 생각이 나온다는 것도요.

주어진 상황에서 어떠한 지혜도 찾을 수 없을 때, 많은 사람들이 여행을 떠나기도 해요. 여행이야말로 내가 몰두하던 문제에서 완벽하게 떨어질 수 있는 기회이기 때문이지요. 전혀 다른 경험을 하고, 완전히 새로운 사람을 만나면서 어지럽게 얽힌 일에서 벗어나게 된답니다.

사람들은 흔히 여행의 목적을 '기분 전환'이라고 표현하곤 하지만, 실제로는 '생각의 전환' '발상의 전환' '인식의 전환'이 이루어지는 경우도 많답니다.

인지적 구두쇠에서 벗어나려면, 제한된 지식만 사용하지 않으려면, 또 고정 관념에서 탈피하려면, 시간과 공간의 잠복기와 배양기가 필요해요. 그 시간과 공간에서 우리는 은유적으로 생각하고 유추하며 알고 있던 지식을 활용하는 힘을 얻지요. 은유의 경험이 하나하나 쌓이다 보면 어느덧 커다란 유추도 가능해질 거예요.

그런데 이 과정은 사실 시간이 걸립니다. 굉장히 느리고, 어렵고, 실수가 많아요. 한마디로 효율성이 떨어지는 일이지요.

에너지와 시간을 덜 쓰면서 빨리 큰 성과를 내는 것을 우리는 효율적이라고 말하잖아요. 그런데 효율성은 창의성과는 거리가 먼 개념이랍니다. 창의적인 사람이 되고 싶다면 효율성에 대한 욕심은 잠시 접어 두는 게 좋겠지요?

    내가 창의적인 생각을 했던 때가 기억나나요?
    나는 어떤 순간에 가장 창의적이었나요?
    창의적인 사람이 되고 싶다면 그 순간에서부터 생각을 시작해 보는 것도 좋을 것 같아요.

학업 성취도와 산책로의 관계

세상에는 수많은 좋은 대학들이 있어요. 학생들과 교수님들이 학문을 연구하며 인류에 도움이 되는 업적을 세우기도 하지요.

유럽과 미국에서 교수의 연구 업적과 학생들의 학업 성취도가 높은 대학을 순서대로 순위를 매긴 연구가 있었어요.

교수 연구 업적과 학생 학업 성취 순위
1위 A대학
2위 B대학
3위 C대학
4위 D대학

오오, 이 학교에서 발표한 논문은 정말 뛰어나지.

학생들의 수준도 아주 높아요.

그리고 각 대학의 산책로와 체육시설이 얼마나 잘 갖춰져 있는지 순위를 매긴 연구도 있었지요.

녹지 공간이 충분하군.

산책로와 체육시설 순위
1위 A대학
2위 B대학
3위 C대학
4위 D대학

우아~

학교가 아니라 거의 숲인데요?

필름이란 무엇인가

여기는 1973년 미국에 위치한 한 카메라 회사. 회사의 연구원인 스티브는 자신의 회사에서 만든 카메라를 물끄러미 바라보고 있었다.

오늘날엔 필름 카메라를 찾아보기 어려워졌지만 1990년대까지만 해도 카메라 안에는 24장 혹은 36장의 사진을 찍을 수 있는 필름이 들어 있었다. 하지만 필름 값은 절대 저렴하지 않았고, 그 필름을 인화하여 사진으로 뽑는 데에도 돈이 들었다.

회사는 연구소 직원들에게 더 저렴한 필름을 만들어 보라고 주문했고, 스티브는 고민하고 있던 참이었다.

'필름, 필름……. 필름이란 대체 무엇인가.'

스티브는 필름 통에 담긴 필름을 이리저리 돌리며 바라보았다. 본격적인 연구에 앞서 이 필름이라는 물건을 제대로 정의 내릴 수 있다면 괜찮은 아이디어가 떠오르지 않을까? 스티브는 메모지에 이렇게 적어 보았다.

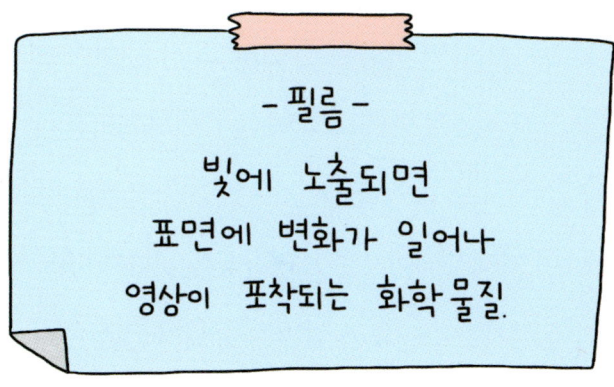

그렇다. 필름을 카메라에 끼우면 렌즈로부터 들어온 빛이 필름에 상이 맺힌다. 스티브가 적은 글은 그야말로 사전적인 필름의 뜻이었다. 물론 맞는 말이었지만 너무 어려웠다. 어떻게 해야 어린이도 이해할 만큼 쉽게 풀이할 수 있을까? 이런저런 생각을 하던 스티브는 다시 메모지에 이렇게 적어 보았다.

'그래, 필름은 세상의 이미지를 담는 그릇이야!'

스티브는 이렇게 정의를 내렸다. 필름이 그릇이라니. 카메라를 개발하는 직원이 내린 정의치고는 전문성이 떨어지는 표현 아닌가. 하지만 스티브는 이 문학적인 표현이 어쩐지 마음에 들었다. 그가 주섬주섬 책상 위에 어질러진 물건들을 정리하는데 한쪽 구석에서 카세트테이프가 눈에 들어왔다. CD나 MP3가 없던 시절, 음악을 들을 수 있었던 오디오 장치였다.

'잠깐, 그렇다면 카세트테이프란 소리를 담는 그릇인가?'

생각이 거기에 미치자 스티브는 갑자기 궁금해졌다.

'그럼 이미지를 꼭 필름에 담아야 할까?'

렌즈로부터 들어온 이미지가 꼭 필름으로 가란 법은 없었다. 테이프처럼 길고 얇은 물질에 들어가도 된다. 다른 어떤 형태의 그릇이어도 상관없다. 이미지를 담을 수만 있다면 말이다!

그날부터 스티브의 팀에서는 디지털카메라의 개발을 시작했다. 렌즈를 통해 들어온 빛을 센서로 받아들이고 전기 신호로 변환시킨 후 디지털 데이터로 바꿔 메모리에 저장하는 시도였다.

그렇게 세계 최초의 디지털카메라가 만들어졌다. 디지털카메라는 카메라 역사뿐 아니라 IT의 역사, 아니 세계사를 바꾼 위대한 발명품이라고 할 수 있을 것이다. 디지털카메라의 발명 덕분에 카메라의 크기는 작아졌고,

필름을 일일이 들고 다닐 필요도 없어졌으며, 휴대폰에 카메라 기능이 쏙 들어갈 수 있게도 되었다.

  우리의 소중한 순간을 기록해 주는 디지털카메라는 이렇게 누군가의 창의적인 아이디어 덕분에 탄생할 수 있었던 것이다.

쉬운 말로 다시 말해 봐요

스티브가 적은 메모를 다시 살펴볼까요? 첫 번째 문장은 구체적인 언어예요. 두 번째는 추상적인 말이고요.

그런데 필름을 '화학 물질'로 규정하다가 '그릇'이라는 추상적인 개념으로 만들었더니 갑자기 생각의 범위가 확 넓어졌어요.

추상적인 언어는 사물을 바라보는 관점을 넓혀 준답니다. 언뜻 상관없어 보이는 다른 분야의 지식도 응용할 수 있게 되지요.

디지털카메라를 발명한 스티브 새손처럼 창의적인 업적을 남긴 사람들은 다른 평범한 사람들과 무엇이 다를까요?

미국의 실리콘 밸리, 월 스트리트, 나사, 독일의 막스 플랑크 연구소 등 엄청난 인재들이 모인 곳이 있어요. 또 그 안에서도 특별히 창의적이라고 인정받는 전문가들도 따로 있답니다. 이들은 평범한 다른 사람들과 어떤 점에서 다를까요? 인지심리학자들은 그 비밀을 밝혀내기 위해 꼼꼼히 관찰하고 연구해 보았답니다. 그런데 아무리 조사해도 IQ나 성별, 소득, 부모의 경제적, 학업적 지위에서는 별다른 차이점을 찾을 수 없었어요.

 한 가지 특별한 공통점이 있다면 내 일에 대해 잘 모르는 사람들에게도 자주 일 이야기를 들려준다는 것이었어요.

다른 분야의 지인들과 식사를 즐기는 중에도, 휴가 중 처음 만난 낯선 사람에게도, 친척, 이웃, 심지어 어린아이에게도 내가 하고 있는 일에 대해 기꺼이 말한다는 거지요.

여러분도 지금 배우는 공부의 내용을 할머니 할아버지나 동생들에게 말해 본 적 있나요? 내 분야에 대해 잘 알지 못하는 사람들과 대화를 한다는 건 생각보다 어려운 일이에요.

함께 일하는 사람들은 바로바로 알아들을 수 있는 전문 용어를 쓸 수 없거든요. 나에겐 익숙한 말이 잘 모르는 사람들에겐 그저 외계어처럼 들릴 뿐이지요.

그런데 특별한 창의성을 가진 사람들은 전문 용어를 쓰지 않고도 누구나 알아들을 수 있는 쉬운 말로 설명하곤 했어요. 외국에서는 큰 회사의 임원이 자기 방을 청소해 주는 미화원에게 준비하는 제품에 대한 첫 번째 발표를 하는 경우도 종종 있답니다.

실리콘 밸리에는 특별한 프로그램이 있다고 해요. 바로 IT 전문가들이 가까운 고등학교나 중학교에 방문해서 자신이 만드는 장비나 프로그램에 대해 이야기하는 시간이에요.

시간이 곧 돈인 최고의 인재들이 아이들을 상대로 봉사활동을 하는 것처럼 보인다고요? 그러나 이곳 사람들은 다르게 생각한다고 합니다. 이건 수업을 듣는 아이들에게만 도움이 되는 행동이 아니거든요. 실제로 교육을 진행하는 전문가들에게도 엄청난 변화를 준다고 해요. 어린아이들에게 설명하는 과정을 통해 스스로 생각을 넓히고 재능을 키울 수 있기 때문이에요.

여러분이 아는 지식을 완전히 다른 표현으로 바꿔서 주변 사람에게 말해 보세요.

언어가 바뀌면 생각이 바뀝니다. 바뀐 생각은 지식의 관점을 지혜로 바꿔 주지요. 다양한 상황에 적용할 수 있는 지혜를 가진 사람들은 더 똑똑해지고 더 많은 일을 잘할 수 있게 된답니다.

능력보다는 상황

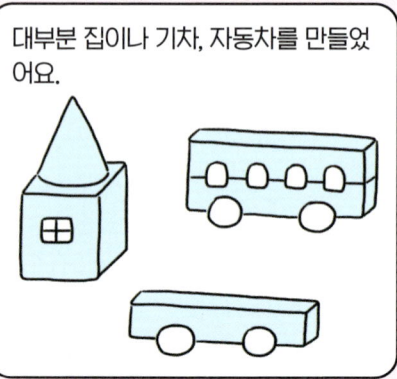

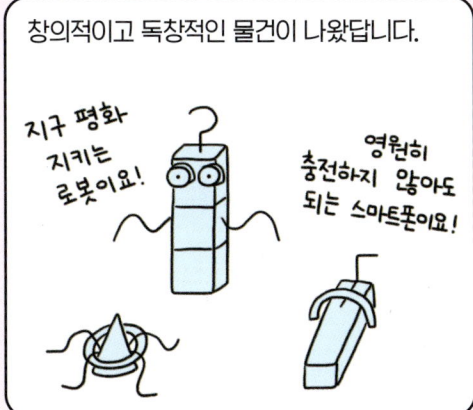
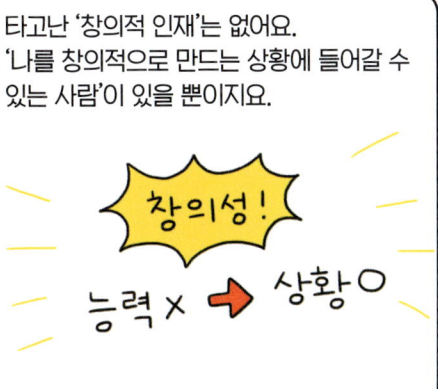

창의성은 개인의 몫이 아니에요

창고에 처박혀 있던 명화

1480년대 피렌체. 중년에 접어든 화가가 그림을 그리고 있었다. 자신을 지속적으로 후원해 주었던 메디치 가문의 별장에 걸릴 작품이었다.

그림의 내용은 바다 위 거품에서 탄생한 미의 여신 비너스가 작은 섬에 도착하는 신화 속 장면이었다. 조개껍질 위에 살포시 올라선 비너스는 알몸을 손과 머리카락으로 가리고 무표정하게 어딘가를 바라본다. 그녀의 곁에 서풍의 신 제피로스가 바람을 불어 주고, 계절의 신 호라이가 망토를 걸쳐 주기 위해 다가온다.

화가는 비너스의 얼굴에 붓질을 하다 잠시 멈추었다. 그리고 나지막이 사랑했던 여인의 이름을 불러 보았다.

'시모네타, 내 생애 동안 한 번도 당신을 잊은 적이 없습니다. 아름다운 당신의 영혼이 신들과 함께하시길.'

그에게는 사랑했지만 이루어지지 못한 한 여인이 있었다. 피렌체 최고의 미녀였고, 모든 예술가들의 선망의 대상이었지만, 결핵으로 젊은 나이에 세상을 떠난 시모네타였다. 화가는 사랑했던 여인을 자신의 작품 속에서 살리고 싶었던 것이다.

그에게는 예술이 필요했다. 인간이 느끼는 순수한 사랑의 감정, 인체와 자연의 아름다움, 활기찬 새 시대의 분위기와 함께 모든 것을 표현해야 했기 때문이다.

이 화가의 이름은 산드로 보티첼리! 미켈란젤로, 레오나르도 다빈치, 라파엘로 등의 거장과 함께 오늘날 르네상스를 이끌었던 대표적인 화가로 손꼽힌다.

하지만 보티첼리가 처음부터 지금과 같은 명성을 떨친 것은 아니었다. 시간이 흘러 그 역시 세상을 떠났고, 르네상스의 영광을 주도했던 메디치 가문도 몰락에 이르렀다. 그의 그림은 알아봐 주는 사람 없이 미술관의 창고에 몇백 년 동안 처박혀 있었다.

당시 유럽은 기독교 중심의 세계였다. 그리스 신화는 이교도의 내용이기에 쉽게 감상하기 어려웠다. 게다가 화면 정중앙에 여성의 나체라니. 이 그림은 당시 사람들에겐 다소 파격적인 주제였다. 그뿐만 아니라 원근법이나 화풍 또한 유행과는 거리가 멀었던 것이다. 르네상스 시대 거장들에 비해 상대적으로 알려지지 않았던 보티첼리의 그림은 누구의 관심도 받지 못한 처지였다.

그러던 1800년대의 어느 날, 한 사나이가 이 그림을 발견한다.
"이 생명력이 넘치는 그림이 왜 이런 곳에 있는 거죠? 이 작품이야말로 우피치 미술관의 가장 좋은 자리에 걸려야 합니다."
수 세기가 지난 후, 그의 그림에 찬사를 보내기 시작한 사람은 영국의 저명한 비평가 '존 러스킨'이었다.
"보티첼리의 그림이야말로 그 어떤 르네상스 작품 못지않게 새로운 혁신을 불러일으키는 작품입니다!"
"이 작품 이후로 예술가들은 인간의 욕망을 자유롭게 표현할 수 있게 되었고, 여성의 아름다움을 화폭에 담기 시작한 것입니다!"
존 러스킨은 꾸준히 보티첼리의 그림을 해석하는 여러 글을 기고했고, 사람들은 조금씩 그림의 가치를 알아보는 눈을 뜨게 되었다. 15세기에 살았던 한 예술가가 얼마나 세상과 사람을 사랑했는지, 그의 표현력과 창의성이 얼마나 놀라웠는지 감탄하게 된 것이다.

　오늘날 산드로 보티첼리의 〈비너스의 탄생〉은 우피치 미술관을 대표하는 그림으로, 지금 이 순간에도 전 세계의 수많은 사람들이 그림을 보기 위해 피렌체를 방문하고 있다.

창의성을 알아볼 수 있는 환경이 중요해요

지금까지 우리는 창의적인 사람이 되기 위해 필요한 것들이 무엇인지 알아보았습니다.

먼저 '은유'를 사용하여 말하는 거예요. 전혀 다른 대상과 대상을 연결하는 최고의 접착제가 바로 은유이기 때문이지요.

그리고 '잠복기'나 '배양기'를 충분히 두어야 해요. 조급하게 멀티태스킹을 하거나 보상이 걸려 있는 상황은 오히려 시야를 좁게 만드니까요. 그러니 창의적인 생각을 하려면 충분한 시간적 여유를 두는 게 좋겠지요?

하지만 이런 조건들을 모두 충족시킨다고 해서 모든 문제가 해결되는 건 아니랍니다. 이 요소들 못지않게 중요한 것은 바로 **창의성을 발휘할 수 있는 '환경'**이거든요.

만약 여러분이 아주 독특하고 창의적인 아이디어를 떠올렸는데 부모님이나 선생님이 이렇게 말한다면 어떨까요?

"쓸데없는 생각 말고 시키는 거나 해."
"혼자 너무 튀는 거 아니니? 그냥 남이 하는 대로 하지 그래?"

아마 다시는 독특하고 재미있는 생각을 꺼내지 못할 거예요. 앞에서 읽은 이야기를 다시 떠올려 볼까요? 보티첼리라는 화가가 계속 새로운 작품을 그릴 수 있었던 이유는 메디치 가문이라는 부유한 집안의 적극적인 후원 덕분이었어요. 만약 메디치 가문의 금전적 또는 정서적 지지가 없었다면 이처럼 훌륭한 예술 작품이 나올 수 있었을까요?

　〈비너스의 탄생〉은 아주 유명한 작품이어서 아마 미술에 관심이 없던 친구들도 살면서 한 번쯤은 보았을 거예요. 이 그림을 패러디한 예술 작품도 많고, 수많은 굿즈들도 만들어졌거든요. 몇 번을 봐도 지루하지 않은 그림이라, 우리 후손들도 창의적인 방식으로 경쾌하게 예술을 소비할 수 있는 거겠지요?

　그런데 우리가 지금처럼 좋은 작품을 즐길 수 있게 된 데에는 19세기의 미술 비평가 존 러스킨의 공이 컸어요. 존 러스킨이 이 그림이 가진 가치를 알아보지 못했다면 우리가 감동을 느낄 기회도 없었을 테니까요.

　보티첼리의 예술적 재능 못지않게 존 러스킨의 안목 또한 대단히 훌륭했다고 말할 수 있답니다. 하지만 세상은 창의성을 중요하게 생각하는 것만큼 그것을 알아보는 '안목'에는 큰 관심을 두지 않는 것 같아요.

  많은 사람들이 창의성을 오해하고 있어요. 창의적인 생각은 극소수의 천재들에게 주어진 몫이라고만 생각하지요. 게다가 나이가 많은 어른들은 "에이 그런 건 젊은 사람들이나 하는 거야."라고 말하며 스스로에게 한계를 지우기도 해요. 하지만 창의적인 생각은 결코 소수의 천재들에게만 해당하는 문제가 아니랍니다. 온 사회가 함께 만들어야 하는 환경이에요.

여러분은 어떤가요? 여러분도 창의적인 사람을 알아보고 지지해 주는 좋은 환경이 되고 있나요?

'창의적인 나'도 중요하지만 '창의적인 것을 알아보는 나'도 중요해요.

나 스스로 창의적인 환경이 되려면 다른 사람이 새로운 생각을 할 수 있도록 독려하는 마음, 여유 있게 기다리는 자세, 마음을 활짝 여는 태도가 필요해요. 창의성은 우리 사회 모두가 관심을 기울여야 하는 중요한 가치라는 것을 잊지 마세요.

여러분은 어떤가요?

대신 창의적이지 않은 사람들에게 발견할 수 있는 분명한 단점들은 있어요.

잉잉… 어떡하지.

불안해 하고 틀에 박힌 생각을 한다.

더 이상 방법이 없어.

다양한 대안을 고려하지 않는다.

일을 해결하기 위해 다른 지식을 적용하지 않는다.

이 문제를 다른 방식으로 풀 수 있다고? 안 될 텐데….

또 시간이 부족해!

회피 동기에 사로잡혀서 다양하게 탐색하지 않는다.

메타인지 착오로 내가 할 수 있는 일과 할 수 없는 일을 구별하지 못한다.

시간도 없는데 그냥 안 할래.

결국 창의성이 떨어지면 일도, 공부도 잘하기 어렵지요.

으악!! 다 망했어!

하던 대로 했는데 왜 안되는 거야!

즉, 창의적인 사람이 똑똑하며 성과를 낸다는 사실!

질문이 많은 동생

요즘 한글을 익힌 민서의 동생 민지는 질문이 부쩍 많아졌다. 자꾸 어디에서 새로운 걸 보고 와서 민서의 방문을 두드리곤 했다.

"언니, 언니! 가랑비에 옷 젖는다가 뭐야?"

오늘은 속담을 들은 모양이다. 모든 질문에 척척 대답하는 멋진 언니의 모습을 보여 주고 싶었던 민서는 자신만만한 목소리로 대답했다.

"아유, 넌 그런 것도 모르냐? 가랑비는 비의 종류야. 그 가랑비를 맞고 옷이 젖는다는 속담이야."

"아, 옷이 젖는다는 뜻이구나. 알았어."

제대로 이해를 한 건지 못 한 건지 민지는 답을 듣자마자 뒤돌아 나가려고 했다. 민서는 황급히 민지를 잡았다.

"자, 잠깐만! 단순히 젖는다는 게 아니라 어떤 상황을 말하는 거거든. 그러니까 가랑비에 옷이 젖듯이 조금씩 조금씩……. 으아, 이걸 어떻게 설명해야 하지?"

평소에 잘 쓰는 속담은 아니었지만 그래도 여러 번 들어서 뜻을 정확히 알고 있다고 생각했는데, 막상 동생에게 알려 주려니 어디서부터 어떻게 시작해야 할지 막막했다. 게다가 동생은 아직 학교도 들어가지 않은 여섯 살이 아닌가. 여섯 살이 이해할 수 있도록 쉽게 말하는 건 생각보다 어려웠다. 물론 귀찮다며 그냥 넘겨도 상관없겠지만 민서는 그러고 싶지 않았.

"민지야, 잠깐만 기다려 줄래?"

짧은 시간 동안 속담 책도 찾아보고 인터넷 검색도 해 보니 이제야 머릿속에 정리가 되었다. 민서는 거실에서 놀고 있던 민지를 찾아가 당당하게 말했다.

"민지야! 가랑비는 너~무 가늘어서 맞았을 때 느낌도 안 드는 비야. 그런

가랑비도 많이 맞으면 옷이 젖거든. 그러니까 아무리 사소한 일이라도 계속 반복하면 무시할 수 없다는 뜻이야."

"우아, 그렇구나. 우리 언니 최고!"

민지의 칭찬에 민서는 자기도 모르게 어깨가 으쓱해졌다. 그런데 그것도 잠시, 민지는 또 질문을 던지는 게 아닌가.

이번에도 마찬가지였다. 막상 말하려니 생각나지 않는 것들도 많았다. 민서는 오랜만에 과학 책을 찾아보았다.

"아, 맞다! 중간에 번데기가 되는 과정이 있었지. 그럼 얼마나 오랫동안 번데기로 있는 걸까?"

민서는 민지에게 설명해 주기 위해 찾아보면서 자기가 어떤 부분을 모르고 있었는지 알게 된 것 같았다.

그날 저녁, 학원에서 만난 시울이에게 민서는 또다시 동생 이야기를 신나게 들려주었다. 자꾸 물어보는 민지 덕분에 의도치 않게 공부를 하게 되었다는 이야기였다. 그때 이야기를 듣던 시울이가 가방에서 새로 산 동화책을 꺼내는 게 보였다.

"어? 동화책이네?"

"응. 읽어 볼래? 되게 재밌더라."

"그래? 무슨 내용인데?"

민서의 질문에 시울이는 화들짝 놀라는 것 같았다.

"응? 무슨 내용이냐고? 갑자기 물어보니까 또 생각이 안 나네. 분명히 읽었는데……."

"그렇지?! 나도 그랬다니까!"

두 아이는 마주 보며 한참을 키득키득 웃었다.

205

0.1%의 영재는 무엇이 다를까?

　한 방송에서 진행하는 다큐멘터리 프로그램에 참여한 일이 있었어요. 주제는 바로 대한민국에서 공부로 상위 0.1%를 차지하는 고등학생들이 다른 평범한 학생들과 어떤 점이 다른지 알아보는 내용이었지요. 탁월하게 성적이 높은 학생들은 일반 학생들과 어떤 점이 달랐을까요?

　타고난 두뇌가 좋았을까요? 혹은 엄청난 부자였을까요? 아니면 눈에 띄게 성실하고 조금 독한 성격이었을까요?

　제작진들은 모든 것들을 다 조사해 보았어요. 그런데 IQ나 성격, 부모님의 소득에서는 그다지 특별한 점을 발견하기가 어려웠답니다. 굳이 공통점을 찾자면 공부를 잘하는 학생들이 꽤 착하다는 것이었어요.

　'착하다.'는 말은 참 애매하지요?

　어른들의 말을 잘 듣거나 화를 잘 내지 않는 게 착하다는 것일까요? 그럼 이렇게 말을 바꿔 볼게요. 이 학생들은 자기 자신과 다른 사람을 존중하고, 정직했어요. 그리고 동시에 아주 겸손한 모습도 있었어요.

　그래서일까요? 학교에 설치한 관찰 카메라를 보니 0.1%의 친구들은 꽤 바빠 보였어요. 반 친구들이 공부하다가 막히는 게 있으면 시도 때도 없이 1등 친구를 찾아왔거든요.

"나 공부할 시간도 없거든? 그만 물어봐!"라고 거절할 법도 한데, 0.1%의 친구들은 모든 친구들의 질문에 하나하나 대답해 주려고 노력하더라고요. 물론 전교 1등이 전교 2등을 가르치는 건 별로 어렵지 않았을 거예요.

긴말 필요 없이 살짝만 이야기해 줘도 바로 알아차리니까요. 문제는 전교 꼴등의 질문에 대답하는 거예요.

기본이 없으면 어디서부터 어떻게 설명해야 하는지 막막하기 때문이에요. 공부를 안 했던 친구들은 간단한 개념부터 아예 모르는 경우도 많잖아요. 그걸 다 이해시키려면 여간 어렵고 곤란한 게 아니죠.

하지만 0.1%의 친구들은 막히는 게 있으면 따로 표시를 하고, 집에서 인터넷을 뒤져 가면서까지 제대로 대답해 주려고 노력했어요. 결국 그 과정을 통해 근원적인 질문을 해결하고, 더 어려운 과제도 풀어 나갈 힘을 얻게 된 거예요.

우리는 흔히 성공을 위해서는 조금 이기적으로 굴어야 한다고 생각해요. 하지만 실제로 한 분야에서 큰 성공을 거둔 사람의 이야기를 찾아보면 생각보다 이타적인 사람들이 많다는 걸 알 수 있어요. 그래서 다른 사람이 쉽게 다가올 수 있도록 마음을 열고, 누군가 도움을 청할 땐 최선을 다해 도와주지요. 다른 사람을 도와주면 도와줄수록 더 지혜로워지고 내 능력도 좋아지는 거죠.

왜 그런 일이 일어나는 것일까요?

인간만이 가진 특별한 능력 중에 '메타인지'가 있다는 것 기억하지요? 메타인지는 내가 아는지, 모르는지를 스스로 인지하고 있는 능력이에요. 하지만 메타인지는 친숙한 걸 안다고 생각하기 때문에 자칫 착각하기 쉽다는 것도 기억날 거예요.

공부도 마찬가지예요. 학교에서, 학원에서 선생님의 설명을 여러 번 반복해서 들으면 그 내용과 친숙해져요. 그러다 보니 마치 내가 잘 알고 있다는 착각을 하게 되지요.

분명히 알고 있는 문제라고 자신했는데, 막상 시험 문제를 풀면 틀려서 당황했던 경험, 다들 한 번쯤은 있을 거예요.

그 느낌이 실제로 아는 것인지, 아니면 안다고 착각하는 것인지 구별하려면 어떻게 해야 할까요?

심리학자들은 **'설명할 수 있는 지식이야말로 진짜 나의 지식'**이라고 이야기한답니다.

첫 번째 지식 내가 알고 있다는 느낌은 있는데 남들에게 설명할 수 없다.

두 번째 지식 내가 알고 있을 뿐 아니라 남에게 설명할 수도 있다.

듣고 고개를 끄덕거린다고 해서 완전히 알게 된 게 아니에요. 그 지식에 대해 말할 수 있어야 해요. 말을 해야 내가 어디까지 알고 있고 어느 부분에서 막히는지 스스로 파악할 수 있거든요.

오늘날 세계 경제를 이끌고 있는 유대인들은 특별한 방식의 자녀 교육으로 유명하지요. 학교나 가정에서 아이들에게 계속 질문하고 토론하도록 가르쳐요. 유대인 교육의 핵심은 말하기라고 할 수 있어요. 물론 말하다 보면 긴장도 되고, 엉뚱한 소리도 하고, 막히기도 해요. 하지만 그 과정을 통해 내가 무엇을 알고, 모르는지 확실히 파악이 되지요. 그것을 보완하면서 점점 지혜로워질 수 있고요.

잘 모르는 걸 말하면 망신을 당할까 봐 걱정되나요? 괜찮아요. 그 과정을 통해 내가 더욱 성장할 수 있으니까요!

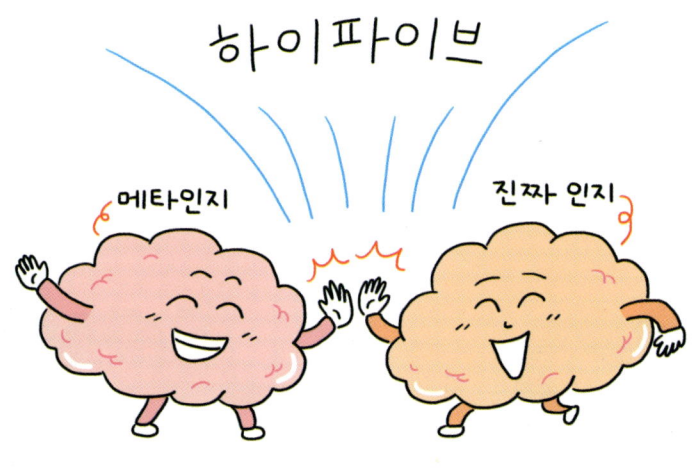

✨ 실력 상승의 비밀

과학과 수학에 특별히 뛰어난 역량을 가진 고등학생들이 모인 곳이 있어요.

훗, 나는 세 살 때 구구단을 외웠지.

내가 받은 상장이 너무 많아서 원.

학교에 입학했다는 것 자체가 이미 뛰어난 실력자라는 뜻이겠지요? 그런데 신기한 점은 이 학생들의 실력이 시간이 지날수록 더 빠르게 성장한다는 거예요.

헉!! 여기서 더 똑똑해진다고?

학자들은 이 실력의 비밀은 어디에서 오는지 연구해 보았어요.

허허허, 저희가 좀 잘 가르쳐서 그런 것 아닐까요?

사실… 저희도 한 실력 하거든요.

하지만 진짜 큰 원인은 다른 데 있었어요.

뭐라고요? 우리 덕분이 아니라고요?

교수님과 한 번 더 체크하는 심리학 용어

인지적 구두쇠 (Cognitive Miser)

사람들은 최대한 생각하지 않으려고 하고, 문제를 간단하게 해결하고 싶어 하지요. 에너지를 아끼기 위해 빨리 생각을 끝내려고 해요. 그러다 보니 편견과 고정 관념이 생기게 된답니다.

멀티태스킹 (Multitasking)

한꺼번에 여러 가지 일을 처리하는 것을 뜻하며 '다중 작업'이라고도 말해요. 흔히 똑똑한 사람은 멀티태스킹 능력이 뛰어날 것이라고 생각하지만 여러 연구를 통해 그렇지 않다는 게 드러났어요. 두 가지 일을 동시에 하면 시간이 늘어나고 효율은 떨어진다고 해요.

고착, 편향

고착은 생각이 딱딱하게 굳어서 유연하게 바뀌지 않는 상태고, 편향은 한쪽으로 치우친 상태를 말해요. 이런 고착과 편향은 정상적인 생각을 왜곡시켜서 편견이나 오류에 빠지게 만들지요.

메타인지 (Metacognition)

상위인지, 초인지라고도 하며 내 생각에 대해 스스로 판단하는 능력을 말해요. 메타인지 능력이 높으면 학습이나 일에서 좋은 결과를 낼 수 있어요. 반대로 메타인지 능력이 부족하면 일과 공부의 효율이 떨어지지요.

접근 동기, 회피 동기

접근 동기는 무언가를 얻기 위해, 그것과 가까워지기 위해 열심히 행동하게 하는 마음이에요. 회피 동기는 나쁜 것으로부터 벗어나기 위해 열심히 하게 만드는 마음이지요. 접근 동기로 성공했을 때 기쁨을 느끼고, 회피 동기로 성공했을 땐 안도감을 느껴요.

배양기, 잠복기

배양은 환경 조건을 맞추어 식물이나 미생물을 키우는 일을 뜻해요. 잠복은 보이지 않게 숨은 상태로 반응이 나타나기까지 조용한 시간을 잠복기라고 해요. 심리학에서는 막막하고 어려운 문제를 해결할 때 그 문제와 시간적 공간적으로 떨어져 있는 상태를 뜻한답니다. 인류 역사 속 많은 창조적인 생각들이 이 상황을 통해 나타나곤 했지요.

이제 정확히 이 단어에 대해 알겠어!

심리학이 궁금할 때 빅티처에게 물어봐

Q 인지심리학은 어떻게 쓰이나요?

인지 심리학은 다양한 분야에서 활용되고 있어요. 설득에 대한 연구는 기업에서 물건을 판매하는 마케팅 업무에 쓰이고, 기억이나 언어에 대한 연구는 컴퓨터 프로그램을 만드는 데 활용되지요. 행동과 움직임에 대한 연구는 로봇 개발에 적용하기도 하지요.

Q 심리학을 이용하면 더 똑똑해질 수 있나요?

네. 더 지혜롭고 능력이 좋은 사람이 될 수 있어요. 단순히 IQ가 높은 게 똑똑한 게 아니에요. 다양한 관점을 가지고 가능성을 열어 두는 능력, 타인과 대화를 통해 협력할 줄 아는 사람이 똑똑하고 영리한 사람이지요. 인지심리학은 실험과 연구를 통해서 수행 능력을 높이는 방법과 타인과 소통할 때 어떻게 생각이 작동하는지를 밝히고 있어요. 그러니 심리학 정보를 잘 활용하면 도움이 되겠지요?

Q 창의적인 사람이 따로 있나요?

그렇지 않아요. 물론 사람마다 차이점은 있지만 같은 사람이라도 어떤 환경에 처해 있느냐에 따라 창의적인 생각을 하기도 하고, 뻔한 생각에 머무르기도 하거든요. 여러 연구 결과를 보면 개개인의 차이보다 상황에 따른 창의성의 차이가 훨씬 크게 나타났어요. 그래서 창의성은 능력이 아니라 상황이라고 말하는 거예요.

Q 열심히 했는데도 공부를 잘 못하는 이유는 뭘까요?

혹시 멀티태스킹을 하고 있는 것은 아닐까요? 음악을 듣거나 친구와 이야기하거나 혹은 무언가를 먹으면서 공부하지는 않았는지 생각해 보세요. 그리고 너무 공부를 열심히 하느라 잠이 부족한 것은 아닌지 체크해 보세요. 잠이 부족한 상태에서 평소에 하지 않는 어이없는 실수를 많이 저지른다는 연구 결과는 수두룩하답니다.

Q 계획대로 일을 잘하는 비결이 있을까요?

작심삼일이라는 사자성어가 있어요. 좋은 계획을 세워 놓고 실천을 3일밖에 못하는 것을 비꼬는 말로 쓰이지만 원래 우리 뇌는 72시간 정도의 미래를 계획하는 데에 맞춰져 있답니다. 3일마다 새로운 계획을 세우는 게 적당하단 얘기예요. 단, 목표와 계획을 혼동하면 안 돼요. '올해는 독서를 많이 하자.'는 목표지만 '매일 저녁 동화책 10페이지씩 읽기'는 계획이지요. 나의 결심을 열 개 정도로 작게 쪼개서 계획을 세우세요. 계획에 성공했을 때 게임처럼 나에게 보상을 주는 것도 좋겠지요?

초판 1쇄 발행 2023년 10월 23일

지은이 김경일, 마케마케
그린이 고고핑크

펴낸이 권미경
편집 최유진
마케팅 심지훈, 강소연, 김재이
디자인 양X호랭 DESIGN

펴낸곳 ㈜돌핀북
등록 2021년 8월 30일 제2021-000179호
주소 서울시 마포구 토정로 47, 701
전화 02-322-7187 **팩스** 02-337-8187
메일 sky@dolphinbook.co.kr

ⓒ김경일, 마케마케, 고고핑크, 2023
ISBN 979-11-975784-9-6 (74000)
       979-11-975784-8-9 (74000) (세트)

이 책을 무단 복사·전재하는 것은 저작권법에 위반됩니다.
잘못 만들어진 책은 구입하신 서점에서 교환해드립니다.